AF444717

MARKETING DIGITAL EN ENTORNOS VIRTUALES DE LAS UNIVERSIDADES EXPERIMENTALES VENEZOLANAS

Pedro Luis Puerta Romero

Title: **MARKETING DIGITAL EN ENTORNOS VIRTUALES DE LAS UNIVERSIDADES EXPERIMENTALES VENEZOLANAS**

ISBN: 979-8-89248-585-2

Author: Pedro Luis Puerta Romero

Cover image: www.pixabay.com

Publisher: Generis Publishing
Online orders: www.generis-publishing.com
Contact email: info@generis-publishing.com

DEDICATORIA

*A **Dios**, por ser mi padre y mi guía en cada paso*

dado para el logro de mis metas.

*A mis padres **Antonia y José Rafael**, hoy no están a mi lado*

este triunfo es de ustedes,

Gracias por darme la vida y por tanta enseñanza.

*A mi **Tutor** y amigo en la eternidad, **Pedro Castillo**,*

tu muerte llego temprano, pero nunca es tarde para

recordar tus consejos que siempre vivirán en mi corazón.

Q.E.P.D.

Pedro Luis Puerta Romero

AGRADECIMIENTO

A **Dios**, por su bondad infinita.

A mi esposa y amiga, **Tahiz Elena Guerrero**, gracias por ser mi compañera de estudios, gracias por tu apoyo incondicional, siempre juntos.

Te amare por siempre.

A mis hijas **Bárbara Elena y Julia Rosalía**, para ustedes es este triunfo, sirva de ejemplo y dedicación.

A **Viviana, Andreina y Jonathan** mis nietos, los quiero mucho.

A mis **familiares y amigos**, gracias por compartir tantas anécdotas.

A mi **Tutor Académico, José Antonio Rodríguez**, gracia mi profe por tus asesorías y apoyo incondicional, lo logramos.

A todas aquellas personas, que hoy se identifican con este logro, a todos y todas infinitas gracias.

Pedro Luis Puerta Romero.

EPÍGRAFE

"Un enfoque orientado al marketing digital eficiente genera una serie de beneficios para las instituciones de educación universitaria y sus públicos, tanto económicos como no económicos, en términos de desarrollo social, ético y equilibrio social"

(Luque y Del Barrio, 2009)

ÍNDICE GENERAL

ÍNDICE DE CUADROS

ÍNDICE DE FIGURAS

MARKETING DIGITAL EN ENTORNOS VIRTUALES DE LAS UNIVERSIDADES EXPERIMENTALES VENEZOLANAS

AUTOR: Pedro Luís Puerta Romero

TUTOR (A): PhD. José Rodríguez

Año: 2022

RESUMEN

La investigación tuvo como intención generar un constructo teórico del marketing digital en entornos virtuales de las universidades experimentales venezolanas como respuesta a los cambios tecnológicos, el aumento de la competencia e internacionalización de las referidas instituciones en los diferentes segmentos de la población. Ontológicamente, se tomó en cuenta el posicionamiento de las universidades en el subsistema de educación universitaria; además, la argumentación teórica se sustentó en los fundamentos epistemológicos de marketing digital educativo de Kotler (2012) y Larios (2014); además los enfoques constructivistas y humanista. Los aspectos metodológicos fueron abordados a través del paradigma interpretativo, bajo una investigación cualitativa con apoyo del método fenomenológico hermenéutico; estableciéndose como escenario tres universidades experimentales venezolanas: UNELLEZ, UPEL y UNEFA, representadas por tres informantes a quienes se aplicó criterios de selección, aplicándoseles técnicas como la observación y la entrevista a través de un guion de entrevista semiestructurada para la recopilación de la información; siendo ésta analizada e interpretada mediante la categorización, triangulación y teorización que permitió la estructuración del constructo teórico a partir de hallazgos, destacando la importancia de un mercado digital en las universidades experimentales que refleja el uso de entornos virtuales que contribuyen a posicionar a éstas en un escenario altamente competitivo.

Palabras clave: Marketing digital, entornos virtuales, universidades experimentales.

INTRODUCCIÓN

Los avances experimentados en la ciencia, así como en la tecnología ha conducido a las instituciones de educación universitaria hacia una alineación de los procesos desarrollados en su interior en función de novedosas formas de interacción y comunicación en tiempo real. Este auge, ha permitido a las universidades apropiarse de la difusión digital para posicionarse en el subsector educativo competitivamente mediante la socialización de la oferta académicas, así como de los productos y servicios prestados a la comunidad.

De esta manera, las universidades han encontrado los mecanismos para mejorar la imagen institucional, además, promocionarse en el mercado de las bondades que ofrecen tanto en el plano académico, investigativo, de extensión como de gestión a través de un marketing digital, con la finalidad de satisfacer las demandas sociales, además cumplir con las funciones para las cuales fueron creadas. No obstante, aun cuando las instituciones de educación universitaria experimentales se han acogido a un sistema conservador, realizan esfuerzos para adaptarse a las transformaciones, así como a los avances derivados del uso, manejo, además aplicación de las tecnologías de información y comunicación.

Desde este contexto, surge la inquietud de realizar una investigación con el propósito de generar un constructo teórico del marketing digital en entornos virtuales de las universidades experimentales venezolanas, para dar respuesta a los cambios tecnológicos, el aumento de la competencia e internacionalización de las referidas instituciones en los diferentes segmentos de la población. Ontológicamente, se tomó en cuenta el posicionamiento de las universidades en el subsistema de educación universitaria.

En este sentido, el desarrollo investigativo se estructuró en cinco (5) Momentos como se describen a continuación.

En el Momento I, se presenta la Perspectiva de la Realidad mediante una Descripción del Contexto Situacional, conjuntamente con los propósitos tanto el general como los específicos y la importancia de la investigación. Asimismo, el Momento II o Perspectiva Teórica desarrollada por medio de temas y   subtemas que incluyeron los fundamentos legales, antecedentes previos, además, enfoques teóricos sustentados en los aportes de marketing digital educativo de Kotler (2012) y Larios (2014), así como el constructivismo y el humanismo.

Por su parte, el Momento III denominado Metódica se muestra el enfoque epistemológico, asumido como interpretativo bajo una investigación cualitativa con apoyo del método fenomenológico hermenéutico que direccionaron los procedimientos a seguir para alcanzar los propósitos propuestos; estableciendo como escenario tres universidades experimentales venezolanas: UNELLEZ, UPEL y UNEFA y como informantes clave tres docentes universitarios.

Mientras, en el Momento IV se reflejaron los Hallazgos derivados de la aplicación de técnicas como la observación y la entrevista mediante un guión de entrevista semiestructurada que analizada e interpretada empleando la categorización, triangulación, así como la teorización. Además, en el Momento V se visualiza el Constructo Teórico emergente en el desarrollo investigativo; conjuntamente con las referencias y los anexos.

MOMENTO I:

PERSPECTIVA DE LA REALIDAD

Descripción de la Situación Contextual

La transformación de los sistemas educativos, en especial en el subsector universitario se ha caracterizado por la introducción e incorporación de las tecnologías de información y comunicación a las funciones de docencia, investigación y extensión mediante el uso de aplicaciones digitales con la intención como lo señala Brinkley (2012) de ejecutar actividades para compartir información, intercambio de saberes e interacción entre los sujetos sociales a través de redes sociales; implicando, por consiguiente, un desarrollo educativo que tiene como escenario la sociedad del conocimiento e información.

En este sentido, la versatilidad de las tecnologías de información y comunicación ha generado expectativas en las instituciones de educación universitaria, las cuales han contribuido a la solución de algunos problemas relacionados con la atención de la demanda de cupos para el ingreso de estudiantes, así como la transformación de la práctica docente tradicionalista por una sustentada en la virtualidad como medio para el mejoramiento de la calidad del perfil del egresado.

Sobre la base de esta realidad, se desarrolla el marketing digital con la finalidad de integrar a la educación universitaria mecanismos que posicionen a la oferta académica como atractiva y motivante e incrementar la eficacia del servicio en estas instituciones de manera innovadora como estratégica para solventar necesidades frente a la demanda actual, tomando en cuenta que el proceso formativo involucra no solo la mediación de conocimientos, sino implica aspectos relacionados con el saber conocer, hacer y convivir.

Este progreso alcanzado por el marketing digital en los espacios universitarios, se ha visto reflejado en países europeos, así como latinoamericanos y en especial en Ecuador, como lo muestra Erazo-Álvarez, Vásquez-Erazo y Erazo Álvarez (2022) han tenido que visionar estrategias para incrementar la oferta de estudios de pre grado como de postgrado de una manera complementaria a los medios convencionales de promoción. Con ello, se estaría estimulando la participación de las universidades en el mercado digital ofreciendo valor agregado a la labor educativa, bajo modelos alternativos como lo son los entornos virtuales de aprendizaje con apoyo de las tecnologías emergentes para la difusión de información o la emergencia de conocimientos que pueden ser aplicados en el proceso de aprendizaje o transferidos al entorno local, regional, nacional e internacional.

De esta manera, el marketing educativo puede servir para realizar un acercamiento de los estudiantes a un entorno virtual de aprendizaje, sustentado en una plataforma tecnológica que tienda a fortalecer la oferta académica de la universidad, previa exploración en las redes sociales del prestigio, reconocimiento al talento humano, posicionamiento en el ámbito universitario entre otros aspectos.

En el caso de las universidades venezolanas, en especial las experimentales, éstas instituciones se han adaptado a los cambios suscitados en la sociedad, adaptando el proceso de aprendizaje a las necesidades y demandas de los estudiantes, como lo señala Albarrán (2012) citado por Sosa y Useche (2017) siendo "los logros múltiples en materia educativa tecnológica, porque se ha incorporado el paradigma científico tecnológico no solo en la docencia sino en la gestión de las universidades en la era digital" (p. 4), creando no solo entornos virtuales sino promocionando a éstas en un mercado altamente competitivo.

De allí, los avances tecnológicos han dado lugar a nuevas modalidades formativas o programas formativos a distancia que demanda a los docentes la planificación de actividades en entornos virtuales para atender las necesidades educativas de los estudiantes, desde una perspectiva tecnológica que aborde no solo los contenidos a ser mediados, sino métodos, técnicas, evaluación que permitan la construcción de conocimientos a partir de escenarios colaborativos.

Si bien es cierto, que en las universidades se ha reflejado cierta reticencia al cambio en algunos de los sectores que la integran porque consideran que estas instituciones deberían formar a los docentes para dar respuesta a una demanda o propuesta innovadora que den cuenta de los proyectos educativos. Además, de la existencia de un mercado complejo para satisfacer la demanda de los clientes o usuarios reales y potenciales, caracterizado por la presencia de estudiantes tanto de pre como de postgrado con deseos de cursar estudios en los recintos universitarios; así como diferentes organizaciones que demandan espacios para la realización de cursos, talleres o jornadas para sus integrantes.

Similar situación atraviesa las universidades experimentales en la ciudad de Barinas, entre las cuales destacan la Universidad Nacional Experimental de los Llanos Occidentales Ezequiel Zamora (UNELLEZ), Universidad Pedagógica Experimental Libertador (UPEL) y la Universidad Nacional Experimental de las

Fuerzas Armadas (UNEFA), las cuales son instituciones con presencia en la referida ciudad, asumiendo sus funciones tomando en cuenta la concepción del sistema universitario para atender la demanda de servicios educativos regionalmente bajo los elementos que sustentan la experimentalidad que permite ensayar nuevas orientaciones, estructuras y métodos dentro de un sistema flexible de gestión del aprendizaje como de enseñanza, las cuales serán evaluadas periódicamente a fin de aprovechar los beneficios de la renovación universitaria.

Se destaca, en la oferta académica de estas universidades cuenta con carreras para atender estudiantes en diferentes turnos; además, se crean estructuras en las cuales se incorporan paulatinamente procedimientos bajo la modalidad a distancia que incluye los entornos virtuales de aprendizaje empleando para ello, medios digitales como páginas web, así como redes sociales: Facebook, Instagram, Twitter, entre otros, no solo para el establecimiento de una comunicación interactiva, sino para promocionar la oferta académica mediante un marketing digital educativo.

Esta situación, ha obligado a la actualización permanente del personal mediante la creación de redes de aprendizaje o entornos virtuales para promover el desarrollo de profesionales acorde con las exigencias institucionales; aun cuando se evidencia en los docentes cierta renuencia a asumir los procedimientos para la integración de éstos a comunidades virtuales de aprendizaje. Además, las referidas universidades han experimentado cierre de carreras por la ausencia de estrategias de marketing digital para ofertar servicios académicos con entornos virtuales de aprendizaje a través de una comunicación directa, personales e interactivas.

Se deriva, entonces, el marketing digital educativo requiere de una alta inversión en equipamiento, así como de tecnología blanda, razón por lo cual las referidas universidades no han alcanzado el desarrollo proyectado, demandando la realización de estudios que midan la opinión del personal responsable de éste, los cuales se convierten en gestores de las acciones digitales iniciadas por las instituciones de educación universitaria con la finalidad de comprender objetivamente el contexto situacional, es decir, el entorno, así como la eficiencia de las herramienta y medios empleados.

Posiblemente, entre las causas que originan el problema se encuentran la necesidad de incorporarse al mundo digital de manera efectiva, especialmente porque las universidades requieren mantener informados a sus usuarios de las actividades que realiza; asimismo, el uso de la publicidad a través de medios de comunicación de masas resulta oneroso, además, el público receptor de los mensajes son personas jóvenes que están estrechamente vinculados con las redes sociales, empleándolas para la interacción, información y comunicación.

De igual modo, se genera deficiencias en la información manejada para llevar a la práctica el marketing digital en el cumplimiento de los objetivos institucionales previamente establecidos, hecho que limita las competencias evidenciadas en el talento humano, quienes presentan dificultades para identificar y emplear los medios adecuados, bien sea correo electrónico, publicidad digital, empleo de blogging interactivo, redes sociales, entre otros.

Asimismo, la ausencia de dinamismo en el manejo de los contenidos de marketing puede ocasionar que las universidades no avancen en la oferta académica en el mercado digital educativo, afectando con ello la imagen institucional, además, limita la introducción de los correctivos necesarios con sus respectivas mejoras. Atendiendo a estos planteamientos, surgen las siguientes inquietudes que direccionaran el desarrollo investigativo:

¿Cuál es la realidad vivenciada por los informantes claves en relación al marketing digital aplicado para la promoción de la oferta académica con entornos virtuales de aprendizaje en las universidades experimentales venezolanas? ¿De qué manera se promueve el uso de entornos virtuales de aprendizaje en las universidades objeto de estudio? ¿Qué elementos deben ser considerados en la estructuración de un constructo teórico de marketing digital en entornos virtuales de las universidades experimentales venezolanas?

Propósitos de la Investigación

Propósito General

Generar un constructo teórico de marketing digital en entornos virtuales de las universidades experimentales venezolanas.

Propósitos Específicos

Describir la realidad vivenciada por los informantes claves en relación al marketing digital aplicado para la promoción de la oferta académica con entornos virtuales de aprendizaje en las universidades experimentales venezolanas.

Interpretar la promoción del uso de entornos virtuales de aprendizaje en las universidades objeto de estudio

Estructurar un constructo teórico de marketing digital en entornos virtuales de las universidades experimentales venezolanas.

Importancia de la Investigación

La realidad que atraviesan las universidades venezolanas, en especial las experimentales, demandan la transformación de las estrategias comerciales para la oferta académica, de manera que éstas instituciones se inserten en el mundo digital de una forma innovadora y creativa. En función de este argumento, se plantea la necesidad de desarrollar una investigación con el propósito de generar un constructo teórico de marketing digital en entornos virtuales de las universidades experimentales venezolanas, específicamente la UNELLEZ, UPEL y UNEFA en la ciudad de la ciudad de Barinas, estado Barinas.

Entonces, la importancia del abordaje de este tema se justifica porque introduce elementos de mercadeo en las universidades con la intención de incrementar el número de estudiantes bajo entornos virtuales, tomando en cuenta la demanda de los servicios educativos ofertados por estas casas de estudio en la ciudad; además, porque el marketing digital representa una transformación en la visión institucional al promover la satisfacción de los sujetos sociales a través de las tecnologías de información y comunicación.

En este sentido, la relevancia práctica de la investigación se hace evidente porque se promueven estrategias de mercadeo innovadoras para la promoción de la oferta educativa de estas universidades con apoyo de los entornos virtuales de aprendizaje, tomando en cuenta la demanda del servicio entre la población estudiantil; además, el estudio se justifica desde el punto de vista social porque las instituciones de educación universitaria experimentales cuentan con plataformas virtuales automatizadas, en las cuales se encuentran programas de formación de grado semipresenciales y virtuales dinámicos que necesitan ser proyectadas hacia un usuario (estudiantes), quienes demandan estudios en el área de pregrado y postgrado.

Por tanto, la relevancia teórica se adjudica en la medida que se introduce el tema en un ambiente en el cual se encuentran limitadas investigaciones en las universidades venezolanas; siendo éste un tema actual considerando el auge de las tecnologías, en especial las emergentes; razón por la cual, el investigador estimó sustentar el estudio en los postulados teóricos del enfoque de marketing digital educativo en Kotler (2012) y Larios (2014), así como del constructivismo y el humanismo. Además, se estima que el trabajo se convierta en referente teórico sobre el tema en universidades con similares características a las presentadas por la UNELLEZ, UPEL y UNEFA.

En el aspecto metodológico, esta investigación se justifica porque se asumen procedimientos metodológicos acordes con los sugeridos por la investigación cualitativa, de manera, que se mantuvo un acercamiento con los informantes claves, quienes revelaron información relevante sobre el marketing digital en entornos virtuales de las universidades experimentales venezolanas.

Aunado a ello, el desarrollo investigativo fue congruente con los postulados filosóficos de la Universidad Bicentenaria de Aragua, en el Área Calidad de la Educación, específicamente en la Línea Institucional Ciencia, Tecnología e Innovación Social, en especial en la Línea de: Investigación Educación y Tecnología, considerando el número de personas que hoy día emplean las aplicaciones digitales, no solo como medio de comunicación, sino para la búsqueda de información, interacción y generación de conocimientos socialmente válidos.

MOMENTO II:
PERSPECTIVA TEÓRICA

En este Momento, se desarrollan los temas y subtemas asociados al marketing digital en entornos virtuales de las universidades experimentales venezolanas, como lo plantea la Universidad Bicentenaria de Aragua (2021) las cuales son asumidas por el investigador desde un referente teórico establecido apoyado en fundamentos conceptuales, contextuales, referenciales, legales, antecedentes y teorías.

Marketing Digital

El marketing constituye una actividad inicialmente realizada en las empresas, el cual concibe los escenarios, así como las necesidades de los sujetos sociales estratégicamente para satisfacer la demanda de productos ajustadas a las condiciones que satisfacen a los clientes, para progresivamente ampliar su ámbito de actuación a otros contextos, entre los cuales destacan los educativos, hospitalarios, entre otros.

En este sentido, se comparte opinión con Kotler, Armstrong, Saunders y Wong (2000) citados en Rivera (2015) al señalar el marketing constituye una "Función empresarial centrada en los clientes, creando expectativas de valor para mantener y proporcionar satisfacción" (p. 25); implicando, por consiguiente, la identificación de las necesidades con la intención de complacer a las personas mediante ofertas ajustadas a éstos con la intención de promocionar productos hasta venderlos.

Entonces, al asociarlo con las tecnologías de información y comunicación, emerge el marketing digital o e-marketing, concebido como una estrategia comunicacional aplicadas en el mundo digital en las redes sociales, como lo señala Moschini (2012) planteando desafíos para las marcas porque se emplea plataformas web en el marco de un mercado dinámico y de competitividad para el desarrollo de productos de calidad.

Por tanto, al hacer uso del marketing digital se provocan cambios significativos porque permite la utilización de plataformas tecnológicas a través de las redes sociales para posicionar los productos en el mercado. Bajo este escenario se insertan las universidades, en especial las experimentales en Venezuela, porque emplean sistemas digitales para impulsar sus ofertas académicas, haciéndolas atractivas en los jóvenes como adultos con deseos de incursionar en espacios educativos tanto presenciales, semi presenciales o totalmente virtuales.

Marketing Digital Educativo en las Universidades Experimentales

En relación al marketing digital educativo emerge como una herramienta de gestión para el desarrollo de proyectos académicos para la satisfacción de necesidades de los usuarios, en este caso, docentes y estudiantes, acorde con el valor percibido, disponibilidad de tiempo, así como con un marco ético en la promoción del bienestar individual como colectivo en las universidades experimentales venezolanas, como lo señala Cabero (1999) citado en Barcia y Cevallo (2019) haciendo uso de una plataforma tecnológica e interactiva con la finalidad de difundir, socializar y alcanzar participación en la oferta académica, posicionándose en el ámbito educativo como instituciones de calidad.

De allí, se convierte en un recurso indispensable en la promoción de carreras ofertadas en los diferentes programas académicos, así como los servicios a prestar tanto en el escenario local, regional, nacional e internacional, destacando como objetivo, el citado por Larios (2014) citado en Barcia y Cevallo (2019) la creación de una conexión directa que contribuir en la promoción o comercialización de productos y servicios a las universidades, además, en la preparación de los sujetos sociales para interactuar en situaciones de aprendizaje interactivo haciendo uso de la tecnología.

Tales argumentos son congruentes, con la aplicación de criterios económicos presentes en la oferta y demanda en la adaptación de los servicios educativos al contexto sociocultural e histórico experimentados por los sujetos sociales, aprovechadas en las universidades experimentales como estrategias para atraer potenciales estudiantes.

En función de ello, en las universidades experimentales se deben tomar en cuenta los elementos del marketing digital a ser empleadas en las plataformas tecnológicas para promocionar la oferta académica y posicionarla en el mercado, de acuerdo con las necesidades educativas de los estudiantes, quienes eligen estudiar en éstas bien sea por el valor que tienen en la comunidad, así como el prestigio, reconocimiento en el mundo universitario, entre otros. Asimismo, deben ser considerados los deseos de los usuarios con la finalidad de satisfacer sus necesidades, que conjuntamente con las demandas a la oferta educativa presentada son indicadores que proporcionan información relevante en la creación de estrategias de marketing.

Por tanto, el marketing digital en las universidades experimentales debe asumir características, que a juicio de Forero-Medina (2020) se orientan hacia la intangibilidad porque está dirigida a la mente humana, la cual es intangible; además, poseer un carácter indisociable porque requiere de la presencia de un docente en tiempo y lugar para hacer posible el aprendizaje; así como variabilidad dado que el servicio educativo no se puede estandarizar y carácter perecedero tomando en cuenta lo difícil de almacenar recursos físicos.

Estrategias de Marketing Digital empleadas en Sector Universitario

El desarrollo estrategias de marketing digital en las universidades, en especial en las experimentales, debe tener en cuenta aspectos relacionados con la captación, el entorno y la comunicación, además de la competencia. En este sentido, los gerentes universitarios han de comprender los beneficios que reporta una estrategia de captación que atraiga el mayor número de estudiantes. Además, considerar la presencia de agentes y fuerzas externas que pueden afectar la capacidad de desarrollar las acciones en el marco de las referidas estrategias, entre las cuales se encuentran las demográficas, económicas, naturales, tecnológicas, políticas y culturales.

En el caso de la comunicación, es indispensable porque a través de ella se transmite el mensaje o información que llega a los sujetos sociales mediante las redes sociales bien sea en imágenes, audio o la combinación de ambas; para competir con otras instituciones de educación universitaria que ofrezcan similares estrategias o mantengan análogos objetivos, posicionando de esta manera la oferta académica.

En este sentido, las campañas de marketing digital desarrollada deben ser creativas e innovadoras, es decir, con capacidad para atraer usuarios potenciales haciendo uso de medios digitales, como lo señala Colvee (2013) que incorpore la proactividad, interactividad e intercambio de información, sin limitar los espacios reales en las redes sociales, las cuales se convierten en canales comunicacionales para la transmisión de la información.

Entonces, en el contexto de las universidades experimentales el marketing digital debería apuntar netamente a lo digital, por consiguiente, las metas han de ser claras, así como los recursos para que las estrategias sean aplicadas de manera correcta, hasta lograr los objetivos propuestos. En función de los argumentos precedentes, el autor de la investigación considera que tales estrategias se constituyen en herramientas para promocionar los alcances de las instituciones de educación universitaria, no solo en la atracción del mayor número de estudiantes sino en el diseño de material digital.

Atendiendo a lo planteado en el desarrollo investigativo, se hizo una revisión de los fundamentos legales que avalan al marketing digital en las universidades, aun cuando en el país no existe un marco normativo específico que rijan estas actividades. Así, la Constitución de la República Bolivariana de Venezuela (1999) en el Artículo 117 consagra la libertad de las personas de disponer bienes y servicios de calidad, así como información precisa, concisa, adecuada y no engañosa de los productos o servicios ofertados; además, establece dicho Artículo, que la ley establecerá mecanismos para garantizar estos derechos, además de las normas de control de calidad, entre otros.

Del mismo modo, la Ley Orgánica de Telecomunicaciones (2010) garantiza el derecho humano a la comunicación, razón por la cual se contempla en esta ley que para exportar redes de telecomunicaciones se debe solicitar un permiso ante la Comisión Nacional de Telecomunicaciones (CONATEL) los permisos correspondientes por escrito. Aunado a ello, la Ley Orgánica de Ciencia, Tecnología e Innovación (2001) sienta las bases para la generación de contenidos en redes sociales, los cuales debe ser protegidos como lo enuncia la Ley Especial contra Delitos Informáticos (2001) para sancionar los delitos derivados del uso de las tecnologías de información y comunicación.

En este orden de ideas, se revisaron diferentes fuentes con la finalidad de establecer los antecedentes investigativos relacionados con el tema en estudio, destacando el trabajo doctoral de Siso (2019) presentado ante la Universidad Complutense de Madrid relacionado con un Análisis de las estrategias de difusión y marketing digital de la investigación académica: aplicación en el área de biblioteconomía y documentación; la cual aporta elementos teóricos sobre el uso del marketing, así como de plataformas tecnológicas que viabilizan la actividad de producción científica como de difusión en las universidades, derivando, por ende, reputación académica.

Igualmente, se revisó la tesis doctoral presentada ante la Universidad Nacional Mayor San Marcos por Ávila (2017) respecto a la Influencia del marketing digital en la eficiencia publicitaria y su impacto en la eficacia de la comunicación externa de los servicios educativos universitarios. Caso Universidad Técnica de Machala Ecuador, contribuyendo en el estudio con elementos teóricos sobre la eficiencia de las estrategias de marketing empleadas en las universidades asociada a la eficacia comunicacional para posicionarse en el mercado educativo ecuatoriano.

Por otra parte, el autor de la tesis doctoral consideró como enfoques teóricos para sustentar la investigación el enfoque de marketing digital educativo de Kotler (2012) y Larios (2014); además del enfoque humanista, como se describe a continuación.

Enfoque de Marketing Digital Educativo

En referencia al enfoque de marketing digital educativo desarrollada por Kotler (2012) le aporta a la investigación elementos teóricos que orientan a las universidades para proporcionar eficacia y eficiencia, mediante intercambios voluntarios para alcanzar los propósitos previamente establecidos, entre los cuales destacan los direccionados a atraer recursos, así como a los sujetos sociales hacia ofertas académicas que reflejan reconocimiento, calidad educativa, además prestigio. Para ello, las universidades deben mantener estándares de calidad, que deben ser revisados periódicamente.

Por tal razón, demandan de estrategias de marketing digital educativo para que los estudiantes puedan interactuar en situaciones de aprendizaje interactivo, de manera que se genere competitividad, sustentada en principios como los señala Kotler (2012) en función de un reconocimiento que el consumidor tiene poder para demandar el servicio educativo, siendo éstas provistas mediante estrategias para satisfacer las necesidades de los estudiantes, quienes emplean la tecnología como mecanismo de transformación; además, debe tomar en cuenta el comportamiento del consumidor como cliente potencial de los servicios educativos.

Por su parte, Larios (2014) aporta a la investigación, la necesidad de desarrollar estrategias para el posicionamiento y comercialización de los productos en las universidades que connota implícitamente elementos de mercadotecnia social asociado a los servicios que estas instituciones prestan con intenciones de transformarlo en comercial, tomando en cuenta precios, plaza, producto, promoción, procesos, personas, evidencia física, filosofía, empaque y el proceso de enseñanza y aprendizaje.

Enfoque Humanista

La teoría humanista tributa a la investigación la necesidad de continuar siendo humanos, aun cuando se empleen las tecnologías de información y comunicación para ganar eficiencia, así como eficacia, lo cual aporta estrategias de marketing diferencial, además, encontrar punto de equilibrio en las redes sociales para valorar la satisfacción del cliente, quien se asume en permanente interacción.

En este contexto, se hace presente la brecha generacional en la cual los jóvenes sobresalen en el manejo de las tecnologías, adaptándose a entornos virtuales y al uso de herramientas que ofrecen los dispositivos digitales; además, han provocado cambios culturales como estructurales en la sociedad que contribuyen a la apropiación de espacios físicos como digitales o por combinación de ambos, de manera, se pueda romper con límites geográficos para compartir información y experiencias. Permitiendo, así, el uso de aplicaciones que posibilitan la conexión y comunicación a través de redes sociales para crear redes colaborativas que son aprovechadas por el marketing digital.

En función de estos argumentos, se afianza el enfoque humanista porque el proceso de marketing digital educativo en las universidades experimentales debe volver la mirada hacia las personas, capacidades, emociones y sentimientos como lo señala Domínguez, Jaén y Ceballos (2017) para crear nuevas vías de comunicación e interacción que fluyan hacia la adaptación de la persona a las situaciones de la vida diaria.

Entornos Virtuales en las Universidades Experimentales

La difusión de la producción intelectual, así como académica de los docentes en las universidades experimentales venezolanas, en especial las experimentales, ha conducido a la creación de entornos virtuales, como lo señala Hernández (2004) citado en Azuaje (2018) "con el propósito de transformar las prácticas educativas hacia la constitución de comunidades virtuales de aprendizaje" (p. 12), razón por la cual, estos profesionales deben usar, manejar e incorporar las tecnologías, previa formación, capacitación y actualización permanente.

Entonces, el autor de la investigación considera asumir como entornos virtuales, aquellos espacios en los cuales se organiza las actividades para ser comunicadas haciendo uso de prácticas pedagógicas con apoyo de la tecnología, de manera que el estudiante adquiera aprendizajes significativos, intercambie ideas, así como experiencias mediante la interacción con otros pares académicos; generando por, consiguiente, conocimientos.

A partir de este proceso, se transforma la imagen de la enseñanza centrada en el docente por una sustentada en entornos diversificados de aprendizaje, en los cuales se toma en cuenta no solo al estudiante, sino a los demás elementos como el conocimiento, evaluación y el contexto, haciendo uso de una plataforma tecnológica digital encargada de administrar, distribuir, controlar las actividades de formación no presenciales, que orientan al educando a emplear herramientas síncronas y asíncronas, gestionar usuarios, sugerir materiales, desarrollar actividades, hacer seguimiento, evaluar, entre otros aspectos importantes.

Plataformas Virtuales en el Proceso de Aprendizaje en la Universidad Experimental

Las plataformas virtuales que sirven a los procesos de aprendizaje en las universidades están constituidas por un software que facilita la gestión de actividades, cursos, formación e interacción a través del uso del internet que es instalado en el servidor de la institución que provee servicio a la comunidad universitaria, quienes acceden a éste mediante herramientas tecnologías esenciales empleadas con la intención de convertirse en puente para la interacción entre el docente con el estudiante.

En este escenario, se combina la presencialidad con la virtualidad para facilitar el proceso, con la finalidad de crear un ambiente amigable para la socialización e interacción entre los participantes e intercambio de información, como lo señala Azuaje (Ob. Cit) por medio de "actividades colaborativas o cooperativas que permiten la construcción de conocimiento" (p. 20) conjugando lo visual, multimedia a través de chats, video conferencias, entre otras y el diseño de acciones en línea para hacer reflexiones y diálogos basados en la información trabajada.

En este punto, es fundamental la motivación introducida por el docente para captar la atención del estudiante, además, a juicio de Rojas (2014) alcance una participación activa en las actividades, de manera que se puedan generar cambios significativos en el proceso de aprendizaje. Asimismo, permite al docente sugerir a los sujetos sociales el uso de servicios como los portales académicos para enriquecer la adquisición de conocimientos, de manera dinámica con apoyo de páginas web para alcanzar eficacia, eficiencia, pertinencia y excelencia académica.

Se destaca, la importancia conjuntamente con los beneficios que aportan los portales académicos, como lo señala Piñero, Bravo y Carrillo (2014) traducidos en función de la configuración como soporte de espacios funcionales virtualizados orientados hacia el desarrollo de procesos de enseñanza, mediante aplicaciones tecnológicas; reflejadas en un aprendizaje permanente por parte del estudiante, acceso a la información y deslocalización en tiempo como en espacio de las actividades en las instituciones de educación universitaria.

Las Redes Sociales en la Educación Virtual en las Universidades

El desarrollo tecnológico alcanzado en los últimos años ha introducido el uso de las redes sociales en la educación virtual en las universidades, reflejadas como un recurso tecno pedagógico complementario al proceso formativo; además, se convierte a juicio de Ruiz (2016) en factor dinamizador e innovador de la práctica educativa del docente en la misión de alcanzar los objetivos de aprendizaje previamente establecidos. Entonces, este recurso favorece la comunicación entre los sujetos sociales, permite un trabajo colaborativo y compartir contenidos en diferentes formatos; además, facilita la comunicación, realimentación, entre otros elementos.

Por tanto, con la introducción de ésta en la virtualidad se orienta hacia el aprendizaje mediante la interacción y comunicación generada para el intercambio de información, pudiendo los usuarios establecer un soporte entre los contenidos a desarrollar con el docente, que se convierte en facilitador, así como socializador en dispositivos conectados a internet mediante la formación de grupos cerrados identificados en algunos casos como comunidades de aprendizaje virtual, entre las cuales se encuentran Facebook, Instagram, Twitter, Telegram, entre otros.

En consecuencia, en el marco de las universidades experimentales venezolanas se visualiza el cambio permanente en las modalidades de estudio producto de la situación económica, sanitaria, así como social que enfrenta el país, por ello, se abre el abanico de posibilidades de emplear una educación virtual con apoyo de las tecnologías de información y comunicación, con la finalidad de para impulsar la educación a través de un marketing digital educativo.

Ahora bien, desde el punto de vista legal, la investigación se relaciona con el uso de la capacidad crítica, la cual se afianza en el Artículo 102 de la Constitución de la República Bolivariana de Venezuela (1999) al señalar no solo la gratuidad de la enseñanza, sino que el Estado asume la función indeclinable e interés de esta para convertirla en instrumento del conocimiento científico, humanístico y tecnológico al servicio de la sociedad, respetando las corrientes del pensamiento, con la intención de desarrollar el potencial creativo de los sujetos sociales.

Este artículo de la Carta Magna, se complementa con el Decreto 825 que enfatiza la necesidad de insertar al país en la sociedad de información y del conocimiento, en el cual internet se convierte en la herramienta de vinculación entre los individuos y las tecnologías en los diferentes niveles de formación del sistema educativo venezolano. Estas inquietudes, fueron recogidas en el Plan de la Patria 2019-2025 con el fin de ampliar las capacidades científico tecnológicas para la transformación, así como fortalecimiento de espacios formativos con sentido crítico, además, impulsar el desarrollo, uso como manejo de equipos conjuntamente con aplicaciones tecnológicas y digitales.

Estas apreciaciones se complementaron con el establecimiento de las investigaciones consideradas como antecedentes, entre las cuales se destaca en el ámbito internacional la tesis doctoral de Roncancio (2019) presentada ante la Universidad de los Baleares, relacionada con la Evaluación de los entornos virtuales de enseñanza aprendizaje (EVEA) de la Universidad de Santo Domingo Bucaramanga (Colombia) mediante la adaptación y aplicación del sistema learning object review instrument (LORI), la cual aportó elementos para la caracterización del impacto de brecha existente entre la educación a distancia con la presencialidad a través de escenarios mediados por las aplicaciones digitales.

En el escenario nacional, se revisó la tesis doctoral presentada ante la Universidad Católica Andrés Bello por Morales (2018) orientada hacia un Modelo teórico de un entorno virtual con base a las representaciones sociales de directivos y docentes acerca de las TIC, tomando en cuenta los cambios suscitados en las instituciones educativas asociados al uso de las tecnologías emergentes como elemento clave en la transformación de éstas, porque permite una interacción entre factores culturales, sociales, económicos, políticos y tecnológicos; convirtiéndose en aporte al estudio por cuanto acompaña al proceso educativo.

Del mismo modo, la tesis doctoral desarrollada por Molina (2017) en la Universidad Pedagógica Experimental Libertador, vinculada con La educación universitaria venezolana: una mirada desde los entornos virtuales de aprendizaje, la cual aporta novedosos escenarios educativos sustentados en medios de formación tecnológica, entre las cuales se encuentra las inteligencias múltiples, garantizando con ello un alto grado de sensibilidad humana en los proceso educativos desarrollados en las universidades venezolanas en el Siglo XXI.

Por otra parte, al ubicar los enfoques teóricos que avalan el desarrollo investigativo, se asumieron los aportes del constructivismo, así como del humanismo y de la teoría de sistemas, como se describe a continuación.

Enfoque Constructivista

La incorporación de los entornos virtuales en las instituciones de educación universitaria, encuentra sustentación en el enfoque constructivista, porque se constituyen espacios para la construcción de conocimientos desde el ámbito individual hasta el colectivo, a través de lo señalado por Araque, Montilla, Meleán y Arrieta (2018) "de la interacción y colaboración de los actores involucrados" (p. 91) mediante el uso de herramientas innovadoras, en este caso las digitales, que median o permiten el acceso a recursos no convencionales en el aprendizaje.

De igual manera, aporta elementos para atribuir importancia al medio y al contexto de aprendizaje, en el cual la colaboración tiende hacia la construcción de saberes; tributando, por consiguiente, a los docentes las herramientas o recursos empleados para situar al estudiante como centro del proceso. Por tanto, requiere de la transformación de los espacios tradicionales hacia unos abiertos, flexibles que favorecen la adquisición de aprendizajes significativos, además, de los métodos de enseñanza; de manera, se pueda aprovechar los beneficios y virtudes que las tecnologías ofrecen en la labor educativa.

Enfoque Humanista

La sustentación teórica bajo en enfoque humanista en los entornos virtuales en las universidades, se orienta a asumir el reto de ajustarse a las demandas de la sociedad en el Siglo XXI, en el cual se hace necesario direccionar los procesos formativos hacia los cambios tecnológicos para responder a las capacidades digitales de los estudiantes que ha trascendido un espacio presencial de aula por escenarios virtuales de aprendizaje.

De allí, los entornos virtuales desde el humanismo se convierten, como lo señala la Organización de las Naciones Unidas para la Educación, la Ciencia y la Cultura (UNESCO) (2020) en una oportunidad para el fortalecimiento de la comunicación, guiadas por los afectos de un bien común y colaborativo en búsqueda de la solidaridad, así como hacia el cuidado del otro, bajo la perspectiva de alteridad/otredad. Además, aporta la consolidación de vínculos sociales, encontrando un nuevo sentido a las relaciones de los sujetos sociales con el entorno, con la intención de proyectar los cambios y afianzando procesos comunicacionales, entre otros.

MOMENTO III:
METÓDICA

En este apartado, se hace referencia a la Metódica asumida en la investigación a partir del paradigma, método y procedimientos realizados para alcanzar los propósitos de la investigación, como se describen a continuación.

Enfoque Epistemológico

El enfoque epistemológico para el abordaje del marketing digital en entornos virtuales de las universidades experimentales venezolanas, fue el interpretativo, de acuerdo a Martínez (2013) se fundamenta en subjetividades y da cabida al mundo desde la apropiación que de él hacen los individuos, promoviendo, además, un análisis situacional del fenómeno; brindando oportunidad, por consiguiente, alternativas para dar respuesta al estudio mediante la información.

Entonces, este enfoque permite desde el punto de vista teleológico el abordaje del problema de estudio a partir de la generación de un constructo teórico de marketing digital en entornos virtuales en las universidades experimentales con la finalidad de incrementar el acervo de conocimientos sobre el tema; mientras, ontológicamente se configuran subjetividades tanto de los aspectos históricos, culturales, sociales, tecnológicos inherentes a ésta con la intención de interpretar significados de las acciones realizadas por los sujetos sociales para transformar la realidad abordada por el investigador, la cual quedó evidenciada en el Momento I.

Además, epistemológicamente se asume una acción permanente del investigador para detectar la veracidad de los hechos en las universidades en estudio, aunado a ello, se concibieron y analizaron los acontecimientos preservando su naturalidad mediante un encuentro entre los sujetos con la cultura. Lo argumentado deriva axiológicamente, en un abordaje que demanda una comprensión profunda de la compleja red de relaciones humanas e institucionales en torno a valores como confianza, honestidad, respeto, responsabilidad, comunicación, entre otros que dan significado cultural en un contexto de diversidad, como son las instituciones de educación universitaria experimentales.

Asimismo, metodológicamente se sustenta en una investigación cualitativa definida por Hernández, Fernández y Baptista (2016) como aquella que se encarga de descubrir expresiones culturales como sociales a través de un proceso interpretativo entre observador y observado, razón por la cual, existe una aproximación del sujeto con el contexto estudiado con la finalidad de reconstruir significados previamente captados de manera metafórica y conceptual a partir del relato de los sujetos.

Método

En referencia al método empleado, se asumió el fenomenológico hermenéutico; enfatizando que la fenomenología a juicio de Miranda y Ortiz (2020) se concibe

> ...en el ser y la conciencia; no descarta la experiencia sensorial que resulta de las vivencias e interacciones, de la participación en y con el objeto de estudio a través de sus intuiciones, sentidos, conocimientos para interpretar la realidad percibida y alimentada por diferentes perspectivas" (p. 58)

Lo planteado por los autores, connota el acto de interpretar, así como comprender las experiencias vivenciadas por los sujetos sociales, las cuales son claves en la generación de conocimientos, con apoyo de la hermenéutica para la exégesis crítica de los significados atribuidos de la realidad desde la existencia, limitaciones, posibilidades históricas del contexto local y global. De allí, el método hermenéutico se direcciona a juicio de Cerrón (2019) a establecer la versión verdadera de los hechos o de las acciones humanas con sus respectivos significados.

Procedimientos

En relación a los procedimientos utilizados en el desarrollo investigativo, la Universidad Bicentenaria de Aragua (2021) los explicita en función de cuatro fases: Preparatoria, de campo, interpretativa e informativa, las cuales se cumplieron considerando los criterios de cientificidad para otorgan validez y credibilidad a la investigación incluyendo hallazgos y el constructo teórico generado.

En la Fase I, identificada como Preparatoria, se recopiló la información tanto empírica como teórica que sustentó la investigación, realizada en función de un discurso reflexivo que permitió el establecimiento de un referente teórico conceptual, así como el diseño de las actividades desarrolladas durante el proceso investigativo. De igual manera, en la Fase II. Trabajo de Campo, se recolectó la información en el escenario mediante un acercamiento del investigador con la realidad empírica.

En este punto, se asumió como escenario de investigación como el contexto, definido por Taylor y Bodgan citados en Duarte y Parra (2018) propicio en el cual se establecen relaciones con los informantes, siendo la Universidad Nacional Experimental de los Llanos Occidentales Ezequiel Zamora (UNELLEZ), Universidad Pedagógica Experimental Libertador (UPEL) y Universidad Nacional Experimental de las Fuerzas Armadas (UNEFA); además, se procedió a la selección de los informantes, quienes cumplieron con criterios de selección: docentes universitarios con experiencias significativas en el tema, grado de Doctor o Magister en su defecto, ser propiciadores de entornos virtuales.

Se destaca, como informante clave a tres (3) docentes que laboran en las referidas universidades, que de acuerdo a lo argumentado por Taylor y Bodgan (1986) citados en Alejo y Osorio (2016) son aquellas personas capaces de aportar información sobre el elemento de estudio, además, contribuyeron con el investigador a tener una visión clara sobre los temas y subtemas desarrollados en la investigación.

Respecto a la Fase III denominada Interpretativa, en ésta se procedió a la categorización de la información obtenida en la aplicación de las técnicas e instrumentos de recolección de información mediante un proceso de reflexión teórica. Sobre la base de estos argumentos, se emplearon las técnicas de observación y la entrevista, que dio origen a un protocolo de entrevista semiestructurada (Anexo), en coherencia con los referentes teóricos establecidos en el Momento II de la investigación.

El proceso de categorización, por su parte, cumplió la finalidad de saturar la información, además, permitió el establecimiento de coincidencias en los aspectos relacionados en la información aportada por los informantes, para generar categorías y subcategorías, definidas por Teppa (2012) como una "familia de conceptos codificados" (p. 55), que permitió un análisis abierto o descriptivo, axial, relacional y selectivo para obtener una visión holística de la realidad.

Una vez realizada la categorización, se procedió a la triangulación mediante la contrastación de las opiniones de los informantes con los referentes teóricos existentes sobre el tema y la visión del investigador, proceso reflejado en una matriz de interpretación conjuntamente con diagramas que muestran la instancia hermenéutica en la construcción de conocimiento a través de la teorización, es decir, el constructo teórico de marketing digital en entornos virtuales en las universidades venezolanas experimentales; emanando, por consiguiente, la validez interna por medio de relaciones causales en el análisis e interpretación de sucesos que subyacen en el contenido que reflejó la transferibilidad o aplicabilidad a otros contextos de estudio.

Finalmente, en la Fase IV denominada Informativa, mediante la presentación como difusión de los hallazgos obtenidos durante el proceso investigativo a través de la elaboración de la tesis doctoral; es decir, el constructo teórico, los cuales son comunicados mediante la presentación de ideas precisas, concisas y fidedignas del proceso a una comunidad académica, en este caso a los lectores de la Universidad Bicentenaria de Aragua.

MOMENTO IV:
HALLAZGOS

En este Momento se presentan los hallazgos develados después de la aplicación de la entrevista semiestructurada a tres informantes clave con respecto al marketing digital en entornos virtuales de las universidades experimentales venezolanas, representadas por la UNELLEZ, UPEL y UNEFA, de la cual emergieron categorías como subcategorías para su posterior triangulación, es decir la contrastación de la opinión de los sujetos sociales en estudios, los referentes teóricos y la visión del investigador, de acuerdo a la posición de Miles y Huberman (1994) citado en UBA (2021) con la intención de "reducir los datos, exponerlos, sacar y verificar las conclusiones" (p. 81), elaborado a partir del análisis e interpretación mediante una reflexión en el contexto vivenciado.

En este sentido, al establecer la categorización de la información se realizó el análisis e interpretación de la misma con la finalidad que emerjan elementos significativos del tema estudiado en las universidades investigadas, las cuales permitieron la generación del constructo teórico producto de la reflexión, mediante la elaboración de matrices, como lo señala Carrasco (2018) las cuales son herramientas metodológicas para representar, ordenar y estructurar las categorías con el objeto de estudio, de acuerdo a la opinión de cada informante, para analizar de forma lógica las respuestas revelada por estos en función de las subcategorías, dimensiones, significación e interpretación en el contexto, como se muestra en la Matriz 1 por medio de una codificación axial.

Informante 1. DUNELLEZ

El informante 1, identificado como DUNELLEZ es un profesional egresado de una reconocida Universidad del país, con 37 años de edad, 12 años de experiencia en el subsector universitario estudios de quinto nivel (Doctorado) en el área de Ciencias de la Educación, amplia experiencia en el desarrollo de actividades académicas con apoyo de entornos virtuales de aprendizaje en la referida casa de estudios.

Es importante destacar, en la UNELLEZ la actividad de marketing digital ha sido desarrollada a través de la Dirección de Innovación y Tecnología de Educación (DITED) con el objeto de brindar profesionalización y/o realización de estudios de postgrado a los egresados de educación universitaria de acuerdo a los requerimientos del país, así como diversificar la oferta académica mediante la creación, desarrollo y promoción de modalidades educativas que amplíen la cobertura en la población que pos múltiples circunstancias no puedan asistir regularmente a las aulas tradicionales.

Además, atiende la demanda educativa para permitir mayor inclusión en las instituciones de educación universitaria a los bachilleres, garantizando calidad en términos de eficacia, eficiencia y pertinencia para responder a los requerimientos del entorno, así como a la sociedad del conocimiento, sustentado en los avances científicos, tecnológicos y comunicacionales.

Para los docentes, la UNELLEZ ha venido desarrollando el Programa de formación en entornos virtuales de la enseñanza y el aprendizaje, con la finalidad de brindar formación, actualización, capacitación como preparación tecnológica a la comunidad universitaria en contenidos relacionados con la facilitación, diseño instruccional y gestión docente en entornos virtuales, con una acreditación de nueve (9) unidades crédito como curso de ampliación de conocimiento de Estudios Avanzados.

En el caso de los estudiantes, éstos ingresan a través del Campus Chuao como espacio exclusivo de diferentes cursos, para facilitar su experiencia de capacitación a distancia; además, ofrece la posibilidad de establecer contacto interactivo para compartir experiencias por medio de la plataforma virtual Variná en el Vicerrectorado de Planificación y Desarrollo Social (VPDS Barinas). Consta de los Campus Virtuales Caribe, Arawak, Senna y Moriche; así como áreas de Producción, Creación y Gestión Académica mediante Arse y Nube Digital.

Lo planteado, encuentra sustentación en los objetivos establecidos por el Reglamento de Estudios a Distancia de la UNELLEZ (2009) los cuales lograrán una relación estudiante, profesor, estudiante sin que la presencia física en clases regulares sea determinante porque el estudiante es responsable de su aprendizaje mediante una vinculación a procesos como a relaciones de aprendizaje con predominancia de las Tecnologías de la Información y la Comunicación (TIC), conjuntamente con otros medios.

Tomando en cuenta la información reseñada, se procedió a elaborar la Matriz 1a, con lo revelado por el Informante 1 respecto a los temas Marketing digital y Entornos Virtuales en las Universidades Experimentales, tomando en cuenta las categorías, subcategorías, dimensiones, significación en el contexto de la referida universidad, por medio de una codificación axial.

Cuadro 1: Matriz 1a. Categorías, Subcategorías, Dimensiones, Significación e Interpretación Emergentes de Marketing Digital en Entornos Virtuales de las Universidades Experimentales Venezolanas. Informante DUNELLEZ.

Categorías	Subcategorías	Dimensiones	Significación
Marketing digital	Servicio	Actualización, formación para el manejo de los paradigmas emergentes	Apropiación de saberes a través de acciones formativas
	Captación	No conozco el plan de captación implementados en las carreras ofertadas	Necesidad de promocionar el plan de captación en la comunidad universitaria
	Entorno	En el caso de mi subproyecto sí, esos logros posicionan a nuestra universidad, forman parte del marketing	Reconocimiento del entorno en el posicionamiento adquirido por la universidad
	Comunicación	La página web de la universidad carece de información para la captación del estudiante	Ausencia de información a ser considerada por el estudiante para elegir la oferta académica de la universidad
	Competencia	La Universidad no posee competencias en el área, comparándolas con otras casas de estudio para competir en el mercado.	Inexistencia de elementos comparativos para que la universidad compita con otras universidades experimentales
Entornos virtuales en las universidades experimentales	Portal Universitario	He visto la información que se publica y considero que en la parte de pregrado existe desinformación	Necesidad de ampliar la información sobre la oferta académica de pregrado
	Página Web	Contiene los elementos de marketing digital, presenta información de clara y concisa, así como de las actividades tanto académicas como de actualización o formación	Promoción de las actividades formativas mediante la página web de manera clara y precisa

Redes Sociales	Conformación de grupos en redes sociales: Facebook, WhatsApp, Telegram, Twitter, Instagram	Presencia en las redes sociales promocionando actividades académicas formales, informales y no formales
Relaciones Institucionales y Convenios	Muestran la eficacia y eficacia, además de la calidad educativa, reflejada en beneficios para la comunidad universitaria.	Reconocimiento y prestigio de la universidad ante la comunidad universitaria y el entorno.

Fuente: Entrevista aplicada Informante 1. Puerta (2022)

En lo revelado por el Informante 1, identificado como DUNELLEZ, se aprecia la necesidad en los docentes de una formación permanente de acuerdo a las políticas y procedimientos emanados del Ministerio del Poder Popular para la Educación Universitaria, Ciencia y Tecnología (MPPEUCT) en la preparación, actualización y capacitación sobre aspectos inherentes a la incorporación de procesos innovadores relacionados con la era digital. Además, existe preocupación porque en esta casa de estudios se debe promocionar el plan de captación de estudiantes tanto en la comunidad universitaria como en el entorno, con la finalidad de ampliar e incrementar la matrícula estudiantil.

De igual manera, comentó este informante en la UNELLEZ existe un reconocimiento del entorno en el posicionamiento adquirido por la universidad, aun cuando se evidencia una ausencia de información a ser considerada por el estudiante para elegir la oferta académica de la universidad, además, de una inexistencia de elementos comparativos para que compita con otras casas de estudios con características de experimentales.

En el tema de marketing digital educativo, se comparte opinión con los argumentos de Larios (2014) al señalar las universidades deben incorporar en su estructura un mercadeo sustentado en las tecnologías de información y comunicación con juicio ético para que impacte socialmente en la satisfacción de la demanda estudiantil, haciendo ver la oferta académica de una forma atractiva e interactiva, permanente, coherente con los requerimientos del mercado educativo, el cual es complejo por la diversidad de elementos a ser ofertados.

De allí, entre sus herramientas emplea los entornos virtuales, que a juicio del Informante 1, en la UNELLEZ existe la necesidad de ampliar la información sobre la oferta académica de pregrado, porque esta es escasa; aun cuando se aprecia una promoción de las actividades formativas mediante la página web de manera clara y precisa; así como se refleja una presencia en las redes sociales promocionando actividades académicas formales, informales y no formales; implicando con ello, un reconocimiento y prestigio de la universidad ante la comunidad universitaria como en el entorno.

En este sentido, Azuaje (2018) sostiene que a través de la Dirección de Estudios a Distancia de la UNELLEZ se está haciendo uso de entornos o comunidades para la gestión virtual de la oferta académica en los diferentes subproyectos, términos por el cual son reconocidas las materias o asignaturas en las los programas y subprogramas en el Reglamento de la referida universidad, tomando en cuenta aspectos administrativos, pedagógicos, didácticos como tecnológicos.

Considerando estos planteamientos, se elaboró la Figura 1 que refleja la representación gráfica de subcategorías emergentes en lo revelado por el Informante 1, identificadas con el color azul las relacionadas con la categoría marketing digital y en verde se vincula la categoría entorno de virtual, como se visualiza a continuación.

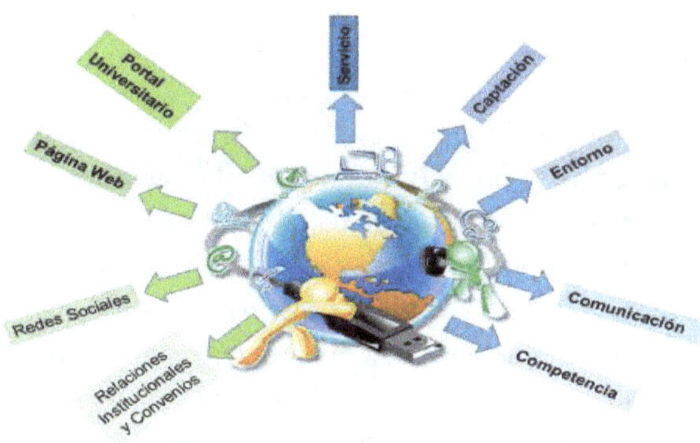

Figura 1: Codificación Selectiva. Informante 1 DUNELLEZ

Fuente: Puerta (2022)

Se aprecia en la Figura 1, la visualización de la codificación selectiva a partir de lo revelado por el Informante 1 DUNELLEZ, concebida como una realidad circular en la cual se hace una oferta académica del servicio educativo a través de un marketing digital para la captación de estudiantes que se encuentra en el entorno de la universidad, mediante una comunicación interactiva a través de un entorno virtual representado por el portal de la UNELLEZ que contiene páginas web, así como redes sociales y relaciones institucionales acompañadas de convenios que reflejan una institución altamente competitiva.

Informante 2 DUPEL

El informante 2, identificado como DUPEL es un profesional egresado de una reconocida Universidad del país, con 42 años de edad, 17 años de experiencia en el subsector universitario, estudios de quinto nivel (Doctorado) en el área de Ciencias de la Educación, amplia experiencia en el desarrollo de actividades académicas con apoyo de entornos virtuales de aprendizaje en la referida casa de estudios.

Se considera, en la UPEL Extensión Barinas realiza su misión en ambientes de incertidumbre, razón por la cual la gerencia de esta institución de educación universitaria ha venido desarrollando estrategias de marketing digital como una herramienta para la captación de estudiantes, mediante el portal web, así como redes sociales de la referida casa de estudios, rigiéndose de acuerdo a lo contenido en el Manual de normas y procedimientos para la publicación de medios informativos impresos y digital de la UPEL (2017) como plataforma que garantiza la información institucional que comunica a la comunidad intra y extra universitaria sobre las actividades académicas, investigativas, extensionistas o administrativas proyectadas en el contexto local, regional, nacional e internacional.

Además, este objetivo se operativiza mediante la Dirección de Comunicación y Relaciones Corporativas a través de la Unidad de Medios de Comunicación e Imagen por medio de instrumentos que promueve el desarrollo del proceso formativo, cumpliendo labores de información conducentes a la difusión de lo concerniente a la oferta del servicio educativo de una manera oportuna en el portal web institucional y las cuentas de redes sociales oficiales; además, cuenta con la Oficina de Aula Virtual con la finalidad de ofrecer asesoría, apoyo y herramientas TIC para la gestión administrativa, así como académica de las aulas virtuales en el área de postgrado.

Tomando en cuenta la información reseñada, se procedió a elaborar la Matriz 1b, con lo revelado por el Informante 2 respecto a los temas Marketing digital y Entornos Virtuales en las Universidades Experimentales, tomando en cuenta las categorías, subcategorías, dimensiones, significación en el contexto de la referida universidad, por medio de una codificación axial.

Cuadro 2: atriz 1b. Categorías, Subcategorías, Dimensiones, Significación e Interpretación Emergentes de Marketing Digital en Entornos Virtuales de las Universidades Experimentales Venezolanas. Informante 2 DUPEL.

Categorías	Subcategorías	Dimensiones	Significación
Marketing digital	Servicio	Mi institución universitaria, siempre ha trabajado para estar a la vanguardia de la era digital.	Universidad a la vanguardia de la era digital
	Captación	Siempre ha existido. Tres veces al año se realiza encuentros tipo ferias.	Eventos para la captación de estudiantes.
	Entorno	Existe un portafolio digital que ayuda a que el aspirante pueda escudriñar la gama de la oferta que tiene la universidad.	Existencia de recursos que muestran la oferta educativa
	Comunicación	En este momento, ha disminuido la efectividad, fluidez y eficacia de llegar a una gran gama de demandante	La eficacia y efectividad disminuye en la medida que aumenta la demanda del servicio

Fuente: Entrevista aplicada Informante 2. Puerta (2022)

Cuadro 2 (Continuación...)

Matriz 1b. Categorías, Subcategorías, Dimensiones, Significación e Interpretación Emergentes de Marketing Digital en Entornos Virtuales de las Universidades Experimentales Venezolanas. Informante 2 DUPEL.

Categorías	Subcategorías	Dimensiones	Significación
Marketing digital	Competencia	Existe una diferencia de ubicar servidores de alta efectividad, por la falta de recursos	Competencia desigual por la falta de recursos
Entornos virtuales en las universidades experimentales	Portal Universitario	Es amigable y visualmente agradable para motivar al navegador	Espacio que motiva visualmente al usuario

Página Web	Es completa, tiene los aspectos necesarios y fundamentales para dar la información acorde a lo que indaga el interesado navegador	Contiene los elementos fundamentales para promocionar la universidad con información útil, completa y oportuna.
Redes Sociales	La universidad mediante las redes, mantiene informado a la comunidad universitaria y extra muros, en las unciones fundamentales docencia, investigación y extensión.	Uso, manejo y aplicación de las redes sociales en las funciones sustantivas de la universidad
Relaciones Institucionales y Convenios	Se mantiene alianzas estratégicas entre las universidades y con entidades de los sectores de la economía.	Conformación de redes o sinergias con universidades y organismos del entorno

Fuente: Entrevista aplicada Informante 2. Puerta (2022)

Lo revelado por el Informante 2 DUPEL, en relación al marketing digital enfatiza un posicionamiento de la referida universidad, la cual ocupa un espacio a la vanguardia en la era digital, por tal motivo, se realizan eventos para la captación de estudiantes y ofertarles su propuesta académica; aun cuando éstos están supeditados a la existencia de recursos, los cuales en algunos casos son limitados y en otros escasos, por tal razón la eficacia y efectividad disminuye en la medida que aumenta la demanda del servicio; generándose por consiguiente, una competencia en desigualdad de condiciones.

En este sentido, Borjas, Martínez y Silva (2020) sostienen el impacto que tiene el marketing digital en las universidades es positivo, porque brinda oportunidades a estas casas de estudios a mantenerse en el mercado educativo, así como en la generación de ventajas competitivas y comparativas para el establecimiento de sinergias entre usuarios con las tecnologías.

En relación a los entornos virtuales, este Informante considera en la UPEL el portal universitario es un espacio que motiva visualmente al usuario a visitarlo, es decir es atractivo; además, la página web contiene los elementos fundamentales para promocionar la universidad con información útil, completa y oportuna; por lo cual los docentes emplean las tecnologías porque se han preocupado por usar, manejar y aplicar las redes sociales en las funciones sustantivas; además, la referida universidad ha establecido, así como ha conformado redes o sinergias con universidades y organismos del entorno.

Lo argumentado por el informante, es compatible con los planteamientos de Flores, Montero y Méndez (2016) señalan:

> ...las universidades han manifestado la necesidad de modernizar el proceso de enseñanza aprendizaje tradicional, lo que ha conllevado a una constante búsqueda de herramientas educativas que permitan hacer uso de la tecnología en apoyo a la enseñanza, con el fin de optimizar el aprendizaje con estrategias creativas e interactivas (p. 3)

Por tanto, la formación de ciudadanos en este contexto virtual hace posible una comunicación continua entre estudiantes con los profesores, separada de las tradicionales limitaciones de tiempo y espacio, principales características de la enseñanza presencial; propiciando con ello una praxis innovadora y contribuyendo en un aprendizaje colaborativo.

Considerando estos argumentos, se elaboró la Figura 2 que refleja la representación gráfica de subcategorías emergentes en lo revelado por el Informante 2, identificadas con el color azul las relacionadas con la categoría marketing digital y en verde se vincula la categoría entorno de virtual, como se visualiza a continuación.

Figura 2: Codificación Selectiva. Informante 2 DUPEL

Fuente: Puerta (2022)

Se aprecia en la Figura 2, la visualización de la codificación selectiva a partir de lo revelado por el Informante 2 DUPEL, concebida como una realidad en dos direcciones que tienen como centro al ser humano, quien acoge el marketing digital para ofertar los servicios educativos de la universidad, previa capacitación de los docentes como a la comunidad universitaria y el entorno con la finalidad de establecer una comunicación interactiva que le permita competir en entornos virtuales con otras universidades, reflejando en su portal universitario información atractiva, así como en la páginas web y redes sociales, las cuales contribuyen en la conformación de relaciones institucionales y convenios.

Informante 3 DUNEFA

El informante 3, identificado como DUNEFA es un profesional egresado de una reconocida Universidad del país, con 39 años de edad, 15 años de experiencia en el subsector universitario, estudios de quinto nivel (Doctorado) en el área de Ciencias de la Educación, amplia experiencia en el desarrollo de actividades académicas con apoyo de entornos virtuales de aprendizaje en la referida casa de estudios.

Respecto a la sede Barinas de la UNEFA no posee un portal como tal, sino el estudiante al buscar información tiene que acceder al portal de la referida universidad a nivel nacional, el cual es presentado de manera atractiva y de fácil navegación, con información precisa sobre la casa de estudios, la oferta académica y los servicios prestados a los estudiantes. Tiene presencia en redes sociales como Facebook, Instagram, YouTube y Twitter, sitios en los cuales el Vicerrectorado de Investigación, Desarrollo e Innovación invita a hacer un recorrido por su plataforma universitaria.

En este orden de ideas, la UNEFA promociona el uso de las tecnologías de información y comunicación como herramienta para sustentar el proceso de enseñanza como de aprendizaje e introduciendo al estudiante en la pedagogía de construccionismo social, mediante una oferta académica a quienes por múltiples razones no puedan asistir presencialmente a las aulas, disminuyendo, por consiguiente, la deserción estudiantil. Además, esta casa de estudio desde sus inicios ha sido pionera en la incorporación de la virtualidad en las unidades curriculares, mediante el uso de chats, blogs, videoconferencias, intercambio de correos electrónicos, entre otros.

Tomando en cuenta la información reseñada, se procedió a elaborar la Matriz 1c, con lo revelado por el Informante 3 respecto a los temas Marketing digital y Entornos Virtuales en las Universidades Experimentales, tomando en cuenta las categorías, subcategorías, dimensiones, significación en el contexto de la referida universidad, por medio de una codificación axial.

Cuadro 3: Matriz 1c. Categorías, Subcategorías, Dimensiones, Significación e Interpretación Emergentes de Marketing Digital en Entornos Virtuales de las Universidades Experimentales Venezolanas. Informante DUNEFA.

Categorías	Subcategorías	Dimensiones	Significación
Marketing digital	Servicio	Cumple la mayoría de los estándares nacionales e internacionales	Cumplimiento de estándares de calidad en servicio
	Captación	Los vicerrectorados implementan diferentes planes	Planes de captación
	Entorno	No existe dentro de los campus de aprendizaje	Inexistencia de un entorno virtual
	Comunicación	Si existe actualmente.	Presencia de espacios comunicacionales
	Competencia	En cierto modo existe una especie de competencia muy específica.	Competencia intra y extra muros
Entornos virtuales en las universidades experimentales	Portal Universitario	Si existe tal proyección en videos y páginas web de las diferentes áreas	Existencia de un portal con información
	Página Web	Se debe seguir mejorando el desarrollo para cumplir con las últimas tendencias de la web.	Apoyo las actividades académicas mediante la página web
	Redes Sociales	Si las utilizo	Uso y manejo de las redes sociales
	Relaciones Institucionales y Convenios	Consolidando las relaciones interinstitucionales y los convenios para continuar su crecimiento y desarrollo sostenible en el tiempo.	Consolidación de las relaciones interinstitucionales

Fuente: Entrevista aplicada Informante 3. Puerta (2022)

Los aportes revelados por el Informante 3 DUNEFA, conducen hacia un marketing digital que cumplen con los estándares de calidad para prestar el servicio a la comunidad universitaria, además, se han diseñado, así como aplicado planes de captación para atraer estudiantes a la oferta académica; aun cuando manifiesta la inexistencia de un entorno virtual para la interacción; sin embargo, hay una presencia de espacios comunicacionales que son empleados para la transmisión de información, tanto desde el punto de vista institucional como en las funciones de docencia, extensión e investigación.

En este sentido, Erazo-Álvarez, Vásquez-Erazo y Erazo Álvarez (2022) comentan el marketing digital contribuye en la generación de valor agregado hacia adentro como afuera de la universidad, con el cual se puede fortalecer las estrategias para hacer la oferta educativa; además, conduce a mejorar la comunicación y la socialización de la información tanto interna como externamente, con la participación de los sujetos sociales que integran la comunidad universitaria.

En relación a los entornos virtuales, expresa el referido Informante en la universidad existe un portal con información relevante para los usuarios del mismo, como así aquellos sujetos que buscan conocer la oferta educativa de la misma; además, los estudiantes, como estudiantes y demás miembros de la comunidad universitaria pueden accesar a la página web, considerada como herramienta de apoyo a las actividades académicas; asimismo, los docentes manejan las redes sociales, las cuales son empleadas para la interacción y comunicación; además, existe preocupación por establecer relaciones institucionales que tiendan a mejorar la calidad educativa mediante la firma de convenios.

En este orden de ideas, Molina (2017) enfatiza la necesidad prevaleciente en las universidades venezolanas de establecer entornos virtuales de aprendizaje, considerando que estos constituyen un reto a ser afrontado con apoyo de las tecnologías emergentes para cubrir la demanda educativa haciendo uso de métodos innovadores que trascienda los tradicionales en aras de alcanzar la significatividad en los saberes adquiridos con apoyo de tablets, teléfonos inteligentes, redes sociales, entre otros.

Atendiendo a estos señalamientos, se procedió a elaborar la Figura 3 contentiva de la representación gráfica de subcategorías emergentes en lo revelado por el Informante 3, identificadas con el color azul las relacionadas con la categoría marketing digital y en verde se vincula la categoría entorno de virtual, como se visualiza a continuación.

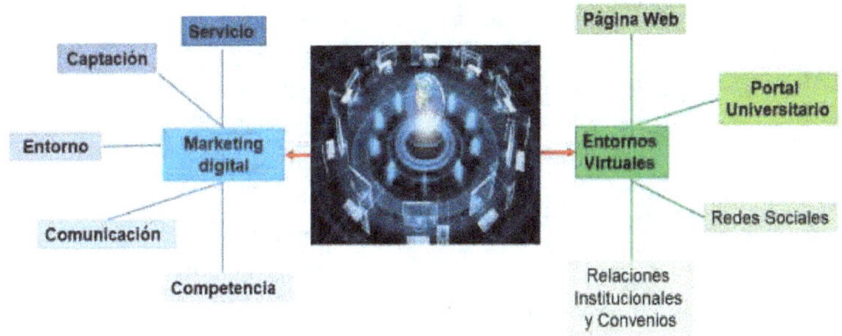

Figura 3: Codificación Selectiva. Informante 3 DUNEFA

Fuente: Puerta (2022)

Se visualiza en la Figura precedente una conexión entre el marketing digital con los entornos virtuales de aprendizaje, porque desde su creación la universidad apuesta por el uso de espacios tecnológicos y digitales para sustentar el aprendizaje, así como otras actividades dentro del claustro universitario. Además, ofrece servicios académicos a personas que no pueden asistir presencialmente a un aula, incorporando a sus espacios la modalidad virtual y llegar al mayor número de personas.

Consecuentemente, se procedió a elaborar el Cuadro 4 en el cual se agrupan las categorías y subcategorías de acuerdo a cada informante, con la intención de establecer lo planteado por Guba (1978), citado en Sandín (2003), la convergencia mediante una reducción de los componentes que muestran las significaciones emergentes homogéneas, así como pertinentes

Cuadro 4: Categorías y Subcategorías Emergentes de acuerdo a cada Informante

Categorías	Subcategoría	Significación		
		Informante 1	Informante 2	Informante 3
Marketing Digital	Servicio	Apropiación de saberes a través de acciones formativas	Universidad a la vanguardia de la era digital	Cumplimiento de estándares de calidad
	Captación	Necesidad de promocionar el plan de captación	Eventos para la captación de estudiantes	Planes de captación
	Entorno	Reconocimiento del entorno en el posicionamiento adquirido por la universidad	Existencia de recursos que muestran la oferta educativa	Inexistencia del entorno virtual

	Comunicación	Ausencia de información a ser considerada por el estudiante para elegir la oferta académica de la universidad	La eficacia y efectividad disminuye en la medida que aumenta la demanda del servicio	Presencia de espacios comunicacionales
	Competencia	Inexistencia de elementos comparativos para que la universidad compita con otras universidades experimentales	Competencia desigual por la falta de recursos	Competencia intra y extra muros
Entornos Virtuales en las Universidades Experimentales	Portal Universitario	Necesidad de ampliar la información sobre la oferta académica de pregrado	Espacio que motiva visualmente al usuario	Existencia de un portal con información
	Página Web	Promoción de las actividades formativas mediante la página web de manera clara y precisa	Elementos para promocionar la universidad	Apoyo las actividades académicas
	Redes Sociales	Presencia en las redes sociales promocionando actividades académicas formales, informales y no formales	Uso, manejo y aplicación de las redes sociales en la universidad	Uso y manejo de las redes sociales
	Relaciones Institucionales y Convenios	Reconocimiento y prestigio de la universidad ante la comunidad universitaria y el entorno	Conformación de sinergias	Consolidación de las relaciones interinstitucionales

Fuente: Puerta (2022)

Se aprecia en el Cuadro 4, una reducción de la información aportada por los Informantes Clave, que refleja un marketing digital que garantizará por una parte, la oferta de un servicio educativo de acuerdo a la demanda en las universidades mediante un plan de captación, el cual tendrá un carácter comunicativo e interactivo; y por la otra ofrece un entorno virtual con todas las posibilidades para el empleo de herramientas tecnológicas y digitales sin necesidad de hacer acto de presencia en la universidad.

En este sentido, estas universidades han incorporado algunas modalidades de contacto con los sujetos sociales, empleando medios digitales, los cuales sirven, por una parte, para establecer comunicación e interacción y por la otra, en la ejecución de las estrategias de marketing de los servicios ofertados a través de información, así como para realizar procedimientos administrativos.

Después de haber realizado la categorización de la información respectiva, se procedió a establecer la triangulación, de acuerdo a lo argumentado por Campbell y Fiske (1959) citados en Alzás, Casas, Luengo, Torres y Veríssimo (2016) mediante la organización de lo revelado por los Informantes con la finalidad de ser contrastada o comparada. El investigador, considera que de esta manera se eleva la objetividad de la investigación, así como la credibilidad de los hechos o de los hallazgos complementarios, tomando en cuenta la intersubjetividad de los conocimientos generados vinculados al marketing digital en entornos virtuales de las universidades experimentales venezolanas.

Por tanto, en el desarrollo investigativo la triangulación se asume a partir de los informantes claves, la revisión de la literatura sobre el tema, así como la posición del investigador con la intención de configurar una síntesis interpretativa, como se refleja a continuación en el Cuadro 5 y subsiguientes.

Cuadro 5: Triangulación. Categoría: Marketing Digital. Subcategoría: Servicios.

Informante	Revisión de Teóricos	Posición del Investigador
No, la universidad debe actualizar el servicio educativo y debe renovarse, este, debe formar a los profesores para que manejen los nuevos paradigmas, para que los profesores puedan impartir un servicio educativo acorde a este nuevo siglo. Desde mi punto de vista, mi institución universitaria, siempre ha trabajado para estar a la vanguardia de la era digital, pero los recursos financieros a contrarrestado el avance en esta área. Sin embargo, el esfuerzo por parte del talento humano en la unidad encargada, sigue apostando por dar el mejor servicio intra y extra muros de la universidad. Sí, cumple la mayoría de los estándares nacionales e internacionales y se debe seguir consolidando a las nuevas tendencias.	De acuerdo a la opinión de Trejo y Valdez (2017) las universidades son organizaciones académicas que ofrecen un servicio dirigido a un mercado meta formado por estudiantes actuales y potenciales, razón por el cual se constituyen en usuarios, o de acuerdo con los enfoques de calidad educativa, los clientes externos, quienes poseen sus expectativas, formadas por necesidades, deseos y demandas en torno a lo que las instituciones pueden ofrecerles.	La realidad evidencia en las universidades en estudio, muestra la necesidad de renovación en cuanto a la forma en que se desarrolla el mercadeo del servicio educativo digitalmente; además, requiere una formación, actualización y capacitación a los docentes para que éstos se apropien de los conocimientos para el uso, manejo e incorporación de la tecnologías, en especial las emergentes para la comunicación e interacción del estudiante con los docentes, así como con la dependencias administrativas. Todo ello, permite que la pueda colocarse a la vanguardia de los avances tecnológicos en materia publicitaria, así como en la virtualidad, para brindar un servicio intra y extra muros.

uente: Puerta (2022)

En atención a lo expuesto, al contrastarse la información suministrada por los informantes, se infiere la existencia de congruencia entre lo revelado por éstos, tomando en cuenta que el talento humano responsable del marketing digital en las referidas universidades, se encuentran atentos a los cambios y transformaciones que se están presentando en la era digital, tomando en cuenta no solo las necesidades de los docentes relacionadas con su formación, así como capacitación en lo concerniente al empleo de la tecnología, sino para cumplir con estándares exigidos en la implementación de un servicio educativo semipresencial y multimodal con la intención de colocarse a la vanguardia en la oferta de una educación de calidad.

Cuadro 6: Triangulación. Categoría: Marketing Digital. Subcategoría: Captación.

Informante	Revisión de Teóricos	Posición del Investigador
No, no conozco el plan de captación que imparte las carreras de la universidad, lo desconozco. Totalmente, siempre ha existido. Tres veces al año se realiza encuentros tipo ferias y además se visitan las instituciones públicas y privadas donde egresan los bachilleres, futuros estudiantes de la universidad. Sí, las direcciones en conjunto con los vicerrectorados implementan diferentes planes de captación.	A juicio de Saldaña (2013) el marketing aplicado a los servicios de educación, investigación y difusión de la cultura, así como en la promoción de centros de enseñanzas que persiguen modificar la realidad y ser agentes de la transformación social hacia la obtención de calidad de vida de los ciudadanos. En este sentido, estas universidades deben presentar un plan de marketing congruente con la realidad de la institución, así como con los servicios ofertados, el cual debe ser revisado permanentemente.	Resulta interesante la captación realizada en las universidades en estudio para atraer a los estudiantes actuales como potenciales, por cuanto existe cierto desconocimiento de los procedimientos seguidos para alcanzar tal fin, tomando en cuenta que esta labor está reservada a profesionales en diseño, así como en mercadeo e informática, los cuales deben mantenerse alerta para que las ofertas académicas puedan satisfacer las demandas del servicio educativo a través de información actualizada.

Fuente: Puerta (2022)

Atendiendo lo confrontado en el Cuadro 6, se puede evidenciar que no existe unicidad de información en los sujetos en estudio, por cuanto el representante de la UNELLEZ argumenta desconocer la existencia de un plan de captación para atraer a los estudiantes a la oferta académica de esta casa de estudios; mientras los docentes entrevistados de la UPEL y la UNEFA reconocen su existencia. Considerando estos planteamientos, es necesario atender y desarrollar un plan de captación educativa dirigido a los estudiantes de nuevo ingreso, porque existen carreras de importancia que tienen baja matricula en algunas universidades, sin embargo, en otras, se cumple el plan y ha dado resultados favorables.

Cuadro 7: Triangulación. Categoría: Marketing Digital. Subcategoría: Entorno.

Informante	Revisión de Teóricos	Posición del Investigador
En el caso de mi subproyecto sí, porque utilizo los logos que le hacen promoción a la universidad, los logos institucionales, eee, utilizo los logos de la Dirección de Estudios Avanzados, utilizo el logo de DITED, y el logo de la universidad que forman parte de la identificación de nuestra alma mater, y esos logos publicitan a nuestra universidad, entonces sí forman parte del marketing.. Además de los encuentros presenciales, suspendidos por el fenómeno de la pandemia, existe un portafolio digital que ayuda a que el aspirante pueda escudriñar la gama de la oferta que tiene la universidad. El mismo portal, se actualiza permanentemente. No existe dentro de los campus de aprendizaje específicamente, sino en el portal web principal de la universidad donde actualmente se encuentran.	Rivero y Goyo (2012) señalan las universidades venezolanas deben transformarse en organizaciones inteligentes, en la cual los cambios se proyecten al entorno, de manera puedan afrontar realidades complejas, además, mantener su vigencia. Para ello, se requiere de movilidad y una dinámica constante en el tiempo y espacio, a objeto de cumplir con la misión para las cuales están llamadas las instituciones de educación universitaria, es decir, en la búsqueda de eficiencia y una imagen de excelencia y productividad.	Lo evidenciado en las universidades en estudio, es que se toma en cuenta el entorno en el cual se desarrollan las actividades, de manera que tanto aspirantes como comunidad en general puedan identificar fácilmente la casa de estudio en la cual se ubican. Además, se programan acciones para establecer una vinculación entre la universidad con el contexto local en el marco de una publicidad agradable, con información útil, completa y oportuna; además, brinda oportunidades para la comunicación e interacción .

Fuente: Puerta (2022)

De acuerdo a la información revelada y contrastada, se aprecia la existencia de un entorno favorable para la implantación de un marketing digital en los entornos virtuales de las universidades experimentales venezolanas, tomando en cuenta la promoción de las carreras universitarias, permitiendo a su vez realizar una captación efectiva de los estudiantes.

Cuadro 8: Triangulación. Categoría: Marketing Digital. Subcategoría: Comunicación

Informante	Revisión de Teóricos	Posición del Investigador
No, de hecho la página web informativa de la universidad carece de información, el estudiante debe estar bien informado para que el proceso de captación sea claro, sencillo y fácil de manejar, si el estudiante desconoce la información el proceso de captación no es óptimo. Con los recursos financieros y el capital humano, en este momento, ha disminuido la efectividad, fluidez y eficacia de llegar a una gran gama de demandante. Como por ejemplo, se pierde la estabilidad de los servidores por falta de presupuesto para su mantenimiento y afines. Si existe actualmente..	Figueroa (2015) enfatiza el impacto de las tecnologías sobre la comunicación, ocasionando una celeridad en la producción, distribución y desarrollo de nuevos productos o servicios, esto quiere decir, la relación entre progreso e innovación es importante y emerge el marketing digital debido a los cambios de la sociedad, procesos, medios de comunicación, especialmente tras la aparición de internet en la vida de los consumidores y el comercio electrónico.	Se puede apreciar la existencia de una comunicación en las universidades estudiadas, que median información entre la universidad con la población real y potencial a ser captada a través del marketing digital, tomando en consideración que estas casas de estudios en algunos casos realizan sus labores con recursos limitados para el mantenimiento de las plataformas tecnológicas, lo cual restringe de una forma u otra las oportunidades de llegar en gran escala a la población objetivo. .

Fuente: Puerta (2022)

Considerando las opiniones de los Informantes que al ser contrastadas, evidenciaron la necesidad de atender el proceso de comunicación en cada una de las universidades, tomando en cuenta las respuestas emitidas tanto por el representante de la UNELLEZ quien señala lo limitado de las información reflejada en la plataforma digital, como el docente de la UNEFA quien manifiesta la existencia de una comunicación pero no explica esta categoría; en razón de ello, se sugiere que ésta debe ser efectiva, fluida y eficaz en relación al proceso de promoción y difusión de las ofertas académicas.

Cuadro 9: Triangulación. Categoría: Marketing Digital. Subcategoría: Competencia

Informante	Revisión de Teóricos	Posición del Investigador
No existe la competencia en comparación con otras universidades, hay eee, digámoslo así de tipo experimental que tienen mayor competencia que en la universidad que actualmente estamos que es la Universidad Nacional Experimental de los Llanos Occidentales Ezequiel Zamora, el Vicerrectorado, específicamente, el Vicerrectorado de Planificación y Desarrollo Social, hay universidades experimentales que tienen mayores competencias, como por ejemplo, podemos colocar como ejemplo la Universidad Rómulo Gallegos que tiene muchísima mayor competencia en cuanto al Vicerrectorado de Planificación y Desarrollo Social. Desde el caso de la universidad pública, existe una diferencia de ubicar servidores de alta efectividad, por la falta de recursos destinado para los mismos. Sin embargo, no que por parte de la voluntad e iniciativa del capital humano. En cierto modo existe una especie de competencia muy específica de las diferentes áreas y la	Trejo y Valdez (2017) señalan las organizaciones universitarias precisan desenvolverse y adaptarse a entornos cambiantes, así como complejos, la gerencia cumple un rol fundamental no sólo en las funciones administrativas que le son propias, sino también en la imagen, proyección y aportes que realiza la institución al país y a la sociedad, además de la obtención de una o más ventajas competitivas que le permitan alcanzar el éxito, por consiguiente el uso del marketing educativo parece pertinente. Desde esta perspectiva, se estima el aprovechamiento de las oportunidades es un componente clave para el éxito, e implica que su gerencia debe estar preparada, manteniéndose atenta a las tendencias del mercado, preferencias de consumidores para crear las circunstancias propicias para diseñar ventajas competitivas.	Se evidencia, las universidades fortalecen la oferta académica mediante un marketing digital que genera ventajas competitivas entre ellas, aun cuando estas actividades están signadas por un reducido presupuesto que limita la diagramación de una publicidad acorde con las tendencias del mercado educativo, en contraposición con aquellas instituciones que poseen personal con capacidades para diseñar campañas con ventajas competitivas; además de los recursos financieros para actualizar no solo el talento humano sino la plataforma tecnológica empleada para estos fines. .

calidad y proyección con la que se imparte los servicios educativos para mantener las matriculas mínimas institucionales necesarias.		

Fuente: Puerta (2022)

Por tanto, al contrastar la información se hace indispensable que se atienda la competencia en las referidas universidades en función de visualizar mejoras en los respectivos portales que tengan afinidad con otras ofertas académicas.

Cuadro 10: Triangulación. Categoría: Entornos Virtuales de las Universidades Experimentales. Subcategoría: Portal Universitario.

Informante	Revisión de Teóricos	Posición del Investigador
Eee, el portal lo conozco, he visto la información que se publica y considero que en la parte de pregrado existe desinformación, por lo tanto, eee, deberían modificar específicamente la oferta de pregrado, para que el estudiante vaya claro a conocer el proceso de captación y de esta manera pueda entrar con mayor facilidad a la universidad.. El portal digital de la universidad, es bastante amigable y visualmente agradable para motivar al navegador. Lo escudriño cada momento, para visualizar su evolución. Y como todo, siempre hay aspectos mejorables. Si lo conozco. Si existe tal proyección en	De acuerdo a Piñero, Bravo y Carrillo (2014) señalan la inserción y el desarrollo de las tecnologías plantean un reto de crucial relevancia pues exigen, una alta dosis de creatividad y cientificidad para llevar adelante una serie de cambios y transformaciones en la manera de gestionar sus procesos académicos-administrativos, las cuales se traduce en el uso intenso de las tecnologías de la información y comunicación, de manera que permita mejorar la interacción entre los usuarios y las universidades para simplificar y democratizar procedimientos, a partir de la introducción de cambios radicales en los	Se puede apreciar la existencia en cada una de las universidades en estudio de portales los cuales deben ser mejorados radicalmente, de manera, la información compartida sea de fácil acceso, así como para incrementar la calidad de los procesos académicos en la docencia, investigación y extensión, además, de gestión para responder a los criterios de eficiencia, eficacia, inmediatez y calidad a un colectivo de usuarios cada día más exigente.

videos y páginas web de las diferentes áreas y los vicerrectorados de la universidad.	portales universitarios para transformarse en centros inteligentes.	

Fuente: Puerta (2022)

Los hallazgos derivados de lo revelado por los Informantes clave ante los portales universitarios muestran la necesidad latente en las universidades en estudio de una transformación de los espacios tecnológicamente funcionales para el apoyo de las actividades en la docencia, investigación, extensión y gestión, es decir, a través de un portal virtual que constituye el centro de enlace entre la casa de estudios con la sociedad a fin de comunicar y emplear el conocimiento generado.

Cuadro 11: Triangulación. Categoría: Entornos Virtuales de las Universidades Experimentales. Subcategoría: Página Web.

Informante	Revisión de Teóricos	Posición del Investigador
Si la página web tiene los elementos necesarios del marketing digital, presenta de forma clara y sencilla los logos de las instituciones, eee, muestra evidencia de las diferentes actividades, tanto culturales, eee, llamémosla pedagógicas andropedagogicas que se realizan dentro de la universidad, existe publicación de los foros, las charlas, eee, documentación de las actividades culturales, considero que si muestra de forma clara el marketing digital. Desde mi punto de vista, el portal web de la institución es bastante completa, tiene los aspectos necesarios y	Pérez de Leza (2000) citado en Piñero, Bravo y Carrillo (2014) señala la página Web agrega contenidos y funcionalidades, organizados de tal manera que facilitan la navegación y proporcionan al usuario un punto de entrada en la Red con un amplio abanico de opciones. De esta manera, se constituye en el punto de entrada o de conexión, en el cual el usuario ve concentrados los servicios y productos que ofrece; además, permite que éste realice los trámites, búsqueda de información, entre otros sin tener que salir del website, por lo que se constituye en una forma	Por observaciones realizadas a las páginas web de las universidades en estudio, se pudo apreciar que las mismas se encuentran actualizadas con la información, así como con las actividades a realizarse en el interior de éstas. Además, presentan las diferentes alternativas tanto de los servicios prestados por las universidades, como de la oferta académica tanto a nivel de pre y postgrado, de manera rápida, precisa y concisa, con la finalidad de optimizar el contacto entre la institución de educación universitaria con los usuarios tanto internos como externos.

fundamentales para dar la información acorde a lo que indaga el interesado navegador.. Si los tiene y se debe seguir mejorando el desarrollo para cumplir con las últimas tendencias de la web.	de captar clientes porque el objetivo de cualquier portal es conseguir que su página genere lealtad entre los usuarios; maximizar el tiempo que permanece en sus páginas, antes de saltar a otro destino en la Red y asegurarse de que vuelva de manera sucesiva.	

Fuente: Puerta (2022)

Lo revelado por los informantes respecto a la página web, permite apreciar la existencia de ésta, la cual se mantiene con información actualizada, de manera que los usuarios puedan acceder a esta en el menor tiempo posible, desde cualquier parte. Así, se mantiene un marketing digital sustentado en la virtualidad, es decir, un espacio social que tiene una estructura propia cuyo funcionamiento responde a una dinámica de requerimientos propios de cada universidad.

Cuadro 12: Triangulación. Categoría: Entornos Virtuales de las Universidades Experimentales. Subcategoría: Redes Sociales.

Informante	Revisión de Teóricos	Posición del Investigador
Por supuesto que sí, considero que en este mundo todos utilizamos las redes sociales, para informarnos de todas las cosas que se realizan dentro y fuera de la universidad, cuales redes sociales utilizamos, el Twitter, el Instagram, el Facebook, incluso estamos asociados a diferentes grupos tanto del WhatsApp como el Telegram que nos permiten mantenernos informados de las cosas que pasan dentro y fuera de la universidad. Totalmente cierto, la	Reina, Fernández y Noguera (2012), el cual destacó la relevancia que tiene para las instituciones de educación superior el uso de nuevas vías de comunicación, ya que les permite interactuar y recibir información relacionada con las necesidades e intereses de sus públicos. Asimismo, Brito, Lasser y Toloza (2012), identifican el uso de las redes sociales como un complemento a la gestión informativa de las universidades, porque significan un espacio que puede reformular la idea de	Las observaciones realizadas en las universidades en estudio, condujeron a puntualizar de manera categórica, que las redes sociales se convirtieron en herramientas de apoyo al proceso educativo en las universidades, en especial en la época vivenciada a partir de 2020 con la declaración de la Covid 19 como pandemia. En efecto, las redes sociales se convirtieron en medios para el fortalecimiento de las capacidades institucionales de las

| universidad mediante las redes, mantiene informado a todos los de la comunidad universitaria y a extra muros, considerando sus funciones fundamentales docencia, investigación y extensión. Si las utilizo. | una educación a distancia al favorecer de manera positiva el proceso educativo en general, a través de la difusión de mensajes que ofrezcan a los usuarios la oportunidad solucionar un problema, conocer nuevas culturas o sentar bases para la innovación. | universidades con su entorno interno y externo, que, bajo las políticas adecuadas, facilitan el proceso de enseñanza, decisiones oportunas, introduce nuevas formas de trabajo entre los actores que hacen vida en ellas, mejora la relación docente-estudiante, entre otras. |

Fuente: Puerta (2022)

Se aprecia en los hallazgos derivados de lo revelado por los Informantes que en las universidades en estudio, se emplean las redes sociales como herramienta de apoyo para el desarrollo de los procesos académicos y de gestión, presentando versatilidad de acuerdo al acceso, así como rapidez para la creación de grupos de interés en las referidas instituciones.

Cuadro 13: Triangulación. Categoría: Entornos Virtuales de las Universidades Experimentales. Subcategoría: Relaciones Institucionales y Convenios.

Informante	Revisión de Teóricos	Posición del Investigador
Por supuesto que sí, son importantes estos convenios, primero porque con los convenios se logran obtener la eficiencia educativa, con esto me refiero a que, estableciendo convenios entre las universidades con otros organismos, usted puede lograr que el profesorado se eduque y de esta manera aumentar la calidad educativa, sí. Aparte de eso, estos convenios también pueden traer beneficio tanto para la colectividad unellista, como para la que está fuera de ella,	Espinoza y Castrillo (2019) señalan a través de las relaciones interinstitucionales se diseñan e implementan estrategias que conlleven al establecimiento de acuerdos que sustenten la formación de profesionales en el nivel de pregrado y posgrado, con movilidad internacional. Destacan, la formulación de proyectos de investigación, innovación tecnológica y emprendimiento entre universidades	Es importante destacar, el rol que cumplen las universidades estudiadas para asegurar la generación de conocimientos en el desarrollo del talento humano, así como para reponer las necesidades de innovación en el sector productivo. Por ello, se deben tejer redes, alianzas y sinergias que permitan adelantar acciones orientar al entorno (instituciones gubernamentales, no gubernamentales, comunidades) de manera que se fortalezcan

porque puede beneficiar directamente a muchas comunidades. Totalmente de acuerdo, el de mantener alianzas estratégicas entre las universidades y las entidades de todos los sectores de la economía. Donde el lema es "ganar ganar" en pro del bienestar de todos. La universidad debe seguir creciendo en seguir consolidando las relaciones interinstitucionales y los convenios para continuar su crecimiento y desarrollo sostenible en el tiempo.	saberes, tecnologías en las dimensiones académicas, políticas, sociales, económicas, las cuales conducen a la identificación de escenarios e impactos de éstas acciones.

Fuente: Puerta (2022)

Lo manifestado por los informantes en relación a las relaciones interinstitucionales reflejan la existencia de convenios direccionados hacia el fortalecimiento no solo de la academia en las funciones de docencia, investigación y extensión sino en la formación del talento humano para alcanzar alianzas de conocimiento o comunidades de aprendizaje, así como de la transferencia de éste conjuntamente con la innovación.

Entonces, la triangulación reflejada brindó oportunidad al investigador de enfatizar la necesidad generar un constructo teórico de marketing digital en entornos virtuales de las universidades experimentales venezolanas, específicamente la UNELLEZ; UPEL y UNEFA, considerando que estas instituciones cuentan con el talento humano, así como una plataforma tecnológica que lleva implícito la operatividad de los procesos cotidianos y estratégicos desarrollados por éstas.

A partir de estos hallazgos, se pudo unificar e interconectar en la Figura 4, en la cual se aprecian las categorías, subcategorías, así como las significaciones que emergieron para generar una visión triangulada del fenómeno estudiado, desde la amplitud de la imagen (afuera), hasta la profundidad, es decir, a cada uno de sus componentes.

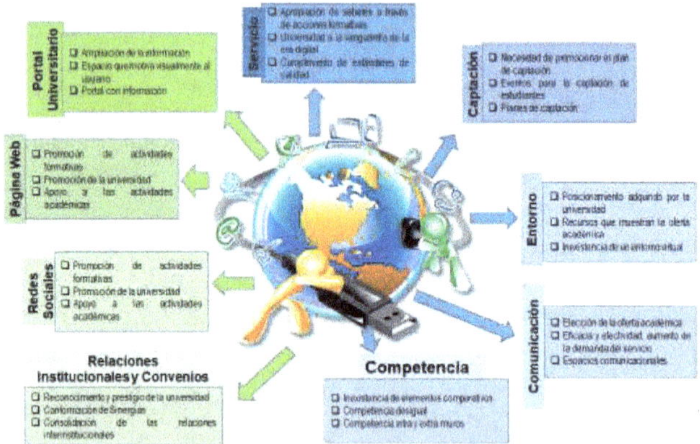

Figura 4: Visión Triangulada.

Fuente: Puerta (2022)

MOMENTO V:
CONSTRUCCIÓN TEÓRICA

MARKETING DIGITAL EN ENTORNOS VIRTUALES DE LAS UNIVERSIDADES EXPERIMENTALES VENEZOLANAS

Presentación

El constructo teórico desarrollado muestra la interconexión teórica de conocimientos orientados para la comprensión de los hechos relacionados con el marketing digital en entornos virtuales de las universidades experimentales venezolanas, específicamente en la UNELLEZ, UPEL y UNEFA, instituciones de educación universitaria que funcionan en la ciudad de Barinas, estado Barinas, mediante la profundización de los hallazgos del mundo real de los informantes clave, haciendo uso de un lenguaje simbólico.

En este sentido, el investigador estima que el corpus teórico develado sea un referente para las universidades estudiadas como para aquellas máximas casas de estudios que posean similares características, tomando en cuenta la necesidad existente en éstas instituciones de diseñar estrategias de marketing, en las cuales la digitalización y virtualización sean una realidad. Además, se supone que estas casas de estudios se debe promocionar a través de las bondades brindadas por las tecnologías de información y comunicación, la oferta académica, para satisfacer las necesidades, demandas, así como deseos de los usuarios externos e internos.

Por tanto, para producir teóricas desde el paradigma interpretativo se asumió lo planteado por Duarte y Parra (2018) en relación a la sistematización de la teoría, lo cual involucra aspectos vivenciales, con la finalidad de profundizar y reconstruir los hallazgos investigativos, a partir de lo revelado por los informantes, desde la perspectiva interna "El Ser", para luego generar dimensiones teóricas y la postura del investigador de la nueva teoría "Deber ser", a partir de reflexiones, ideas y principios novedosos para atender o prevenir lo que emergió del estudio de los sujetos sociales en las universidades estudiadas.

Fundamentación

En función de los argumentos precedentes planteados, se enfatiza que las categorías y subcategorías develadas e interpretadas atienden teóricamente a lo singular, es decir, al contexto de las universidades estudiadas, aun cuando pueden ser consideradas por otras instituciones que posean similares características. De allí, "El Ser" y el "Deber Ser" abrieron la posibilidad de una teoría emergente, desarrollada a partir de los elementos reflejados en la Figura 5.

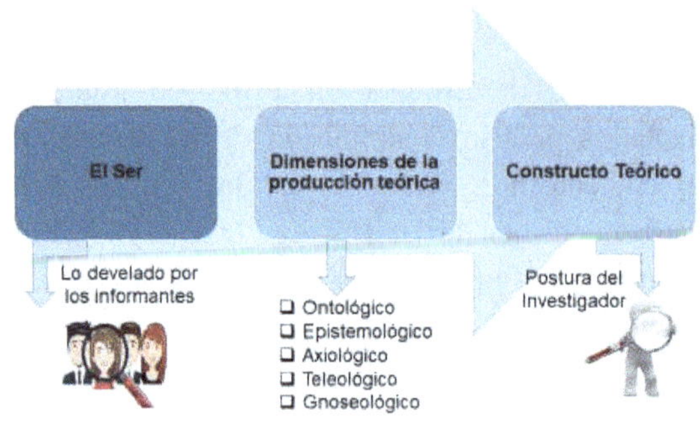

Figura 5: Factores que posibilitaron la Teoría Emergente

Fuente: Duarte y Parra (2018). Adaptada por Puerta (2022)

Al desarrollar los elementos constituyentes de la Figura 5, se muestra a continuación.

A. Lo Develado por los Informantes "El Ser"

Categoría Marketing Digital. Subcategoría Servicios

La información revelada por los informantes en referencia a los servicios de marketing digital, enfatizan debe formar a los profesores para que manejen los nuevos paradigmas (DUNELLEZ) en la producción de conocimientos, los cuales han de ser validados por las comunidades de aprendizaje en la referida universidad; además, se realice un trabajo para estar a la vanguardia de la era digital (DUPEL), tomando en cuenta el desarrollo tecnológico y social con la finalidad de cumplir con los estándares de calidad (DUNEFA) previamente establecidos.

Estos hallazgos demuestran la apertura existente en las universidades en estudios en la realización de un marketing digital que ofrezca las posibilidades a los usuarios reales y potenciales de acceder a la interactividad de la oferta académica en estas instituciones; aun cuando existen alternativas con las tecnologías emergentes para aprovechar todo el potencial de éstas y así, alcanzar los objetivos institucionales previamente establecidos.

Subcategoría Captación

En esta subcategoría, el informante DUNELLEZ manifestó no conozco los plantes de captación, en contraposición con la opinión de DUPEL quien señaló siempre ha existido un plan para atraer estudiantes y se realiza tres veces al año, mediante encuentros tipo ferias y DUNEFA reveló los vicerrectorados implementan diferentes planes. En este sentido, es necesario que en las universidades en estudio se den a conocer las estrategias empleadas para atraer usuarios reales o potenciales, operacionalizadas en un plan de captación; permitiendo con ello, una actuación eficaz por parte de la gestión universitaria; así como una planificación de las actividades a realizar para una adaptación y posicionamiento al entorno competitivo.

Subcategoría Entorno

La posición de los informantes en relación a esta subcategoría da cuenta que DUNELLEZ manifiesta, el entorno si es tomado en cuenta, en especial en el caso de mi subproyecto sí, además, las personas identifican los logos que publicitan a la universidad; por su parte, el Informante DUPEL señaló la existencia de un portafolio digital que ayuda a que el aspirante pueda escudriñar la gama de la oferta que tiene la universidad y DUNEFA expresó que no existe dentro de los campus de aprendizaje. Se asume, entonces, la necesidad de promocionar a las universidades en estudio en el entorno, de manera que éstas puedan posicionarse en un entorno competitivo.

Subcategoría Comunicación

Lo manifestado por los Informante en relación a esta sub categoría, revela en la UNELLEZ la página web informativa de la universidad carece de información; igualmente en la UPEL se reconoce, en este momento, ha disminuido la efectividad, fluidez y eficacia de llegar a una gran gama de demandante; mientras en la UNEFA, dan cuenta que si existe actualmente. Se evidencia, la necesidad de aplicar un marketing digital que potencie la comunicación en las referidas casas de estudio, por cuanto la información en algunos momentos aparece desactualizada, razón por la cual se hace ineficiente e inefectiva.

Subcategoría Competencia

En referencia a esta subcategoría, los informantes revelan en la UNELLEZ, no existe la competencia en comparación con otras universidades; en tanto en la UPEL existe una diferencia, debido a la necesidad de ubicar servidores de alta efectividad, por la falta de recursos; en tanto, en la UNEFA, en cierto modo existe una especie de competencia muy específica; lo cual refleja deben diseñarse campañas de marketing digital orientadas a mejorar la promoción de la oferta académica de manera tal que pueda competir con otras universidades que posean características similares, tanto en el ámbito local, regional, nacional e internacionalmente.

Categoría Entornos Virtuales de las Universidades Experimentales. Subcategoría Portal Universitario

En relación a la categoría entornos virtuales, en la subcategoría portal universitario, los informantes señalaron que en la UNELLEZ se ve la información que se publica, aun cuando considera que en el área de pregrado existe desinformación; mientras en la UPEL este portal es bastante amigable, visualmente agradable para motivar al navegador; en tanto, en la UNEFA existe una proyección en videos y páginas web de las diferentes áreas. Por tanto, es prioritario que en las universidades se internalice que más allá de la amplia difusión de novedosas formas de enseñanza, uno de los aspectos de mayor influencia, está asociado a la necesidad de propiciar innovaciones con la emergencia de la virtualidad.

Página Web

En esta subcategoría, los informantes destacaron en la UNELLEZ la página web contiene los elementos de marketing digital, presenta información de clara y concisa, así como de las actividades tanto académicas como de actualización o formación; además, en la UPEL es completa, tiene los aspectos necesarios y fundamentales para dar la información acorde a lo que indaga el interesado navegador; así como en la UNEFA se debe seguir mejorando el desarrollo para cumplir con las últimas tendencias de la web. En consecuencia, en estas páginas se concentra la información como de servicios, la cual es canalizada a través de una oferta académica promocionada a través de un marketing digital.

Redes Sociales

Los hallazgos relacionados con esta subcategoría revelan que los Informantes en la UNELLEZ se han conformado grupos en redes sociales: Facebook, WhatsApp, Telegram, Twitter, Instagram; en la UPEL se ha trabajado mediante las redes, mantiene informado a la comunidad universitaria y extra muros, en las unciones fundamentales docencia, investigación y extensión; mientras en la UNEFA se utilizan. Es importante destacar, el uso de estas redes sociales esta medianamente desarrollado, porque las universidades como cualquier organización engloban a una serie de profesionales que cumplen ciertas tareas, el contenido de sus redes sociales no están dirigidas hacia esos fines.

Relaciones Interinstitucionales y Convenios

Respecto a esta subcategoría, los informantes manifestaron en la UNELLEZ muestran la eficacia y eficiencia, además de la calidad educativa, reflejada en beneficios para la comunidad universitaria, mientras en la UPEL se mantiene alianzas estratégicas entre las universidades y con entidades de los sectores de la economía, además, en la UNEFA se está consolidando las relaciones interinstitucionales, así como los convenios para continuar su crecimiento y desarrollo sostenible en el tiempo. No obstante, se precisa se realicen una evaluación de las potencialidades del proceso de relacionamiento con las organizaciones universitarias partiendo de la conformación de alianzas de conocimiento.

B. Dimensiones del Constructo

Las dimensiones que sustentan el constructo teórico de marketing digital en entornos virtuales de las universidades experimentales venezolanas, específicamente en la UNELLEZ, UPEL y UNEFA, se visualiza en la Figura 6.

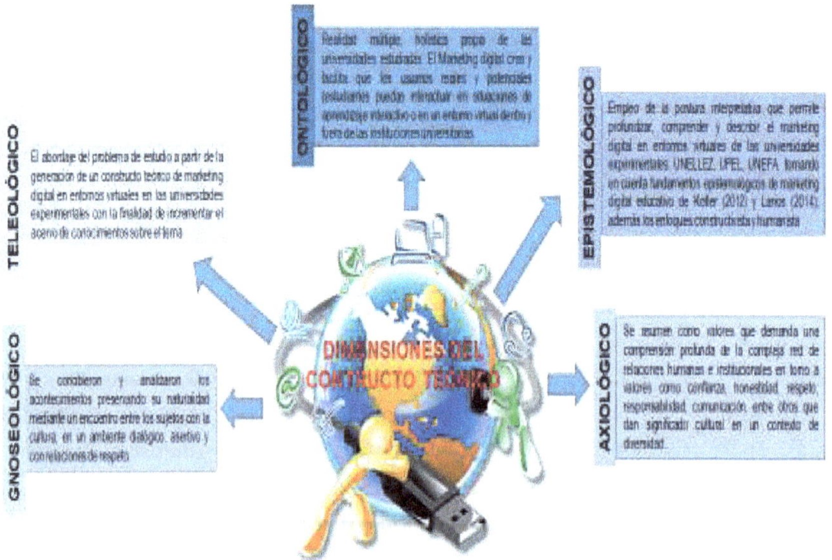

Figura 6: Dimensiones del Constructo Teórico

Fuente: Puerta (2022)

Se evidencia, las dimensiones reflejadas en la Figura precedente la relevancia del abordaje del marketing digital en entornos virtuales de las universidades experimentales, específicamente en la UNELLEZ, UPEL y UNEFA, tomando en cuenta que las instituciones de educación universitarias enfocan sus acciones hacia la captación de estudiantes reales y potenciales a través de una oferta académica que éste puede comparar con otras casas de estudios en base a la calidad, prestigio, reconocimiento, entre otros aspectos, los cuales repercuten positivamente en el rendimiento y en la superación de las expectativas de los educandos.

Es importante destacar, las universidades experimentales se desenvuelven en un entorno dinámico, así como de incertidumbre, que exige la renovación como el aprendizaje permanente, signadas por la presencia de competidores o entes sociales que ofrecen servicios académicos similares, los cuales están igualmente interesados en lograr la atención de los estudiantes para incorporarlos a sus procesos, al tiempo que cumplen con su misión educativa y tratan de mantenerse en el camino que los llevará a la realización de la visión organizacional.

Síntesis Interpretativa

C. Corpus Teórico. El Deber ser

El desarrollo de un marketing digital en las instituciones universitarias ha permitido abrir espacios con apoyo de la tecnología para promocionar no solo la oferta académica a usuarios (estudiantes) reales y potenciales, sino los servicios que presta en una era tecnológica, signada por la virtualización, posicionamiento de las universidades entre los buscadores, además, de la medición y análisis del tráfico en la web site, campañas de publicidad, desarrollo de aplicaciones, redes sociales, entre otros.

De esta manera, se realizan campañas direccionadas a atraer los usuarios a una oferta académica para incrementar, de esta manera, aumentar la matrícula en las universidades mediante acciones planificadas con eficacia, eficiencia; así como adaptarse a un entorno altamente competitivo. En este orden de ideas, Toledo y Luque (2017) señalan uno de los principales motivos que las universidades aplican el marketing se debe a las políticas universitarias, así como la creciente competencia entre ellas, la creciente demanda de carreras para preparar al estudiante al mercado de trabajo, el descenso de los recursos financieros, el avance de las tecnologías de información y comunicación, entre otros.

En este sentido, los espacios universitarios se han visto impactados por las oportunidades que ofrecen las tecnologías en la ampliación del proceso de enseñanza y aprendizaje, siendo promocionadas mediante entornos virtuales con la finalidad de publicitar a las referidas instituciones para posicionarlas en el mercado educativo. Para ello, las universidades crean un portal y un perfil para la interacción con los usuarios internos como externos, así como buscadores que mejoren la posición de las páginas web a la que se alude en sus publicaciones, creando de esta manera ventajas competitivas sostenibles en el entorno en el cual se desenvuelven.

Asimismo, se considera las estrategias empleadas para la captación de los estudiantes, es decir, para atraer a estos a la oferta académica e influir en su decisión, tomando en cuenta aspectos como el prestigio, posicionamiento y reconocimiento en el entorno universitario, empleando medios tecnológicos para proyectar una imagen, publicitando productos y/o servicios educativos; además, diseminar o difundir información por medio de las tecnologías usando redes sociales, dar a conocer trabajos académicos de estudiantes y profesores o experiencias relacionadas durante la escolaridad.

Igualmente, proporciona una plataforma para la difusión de eventos, promover una interacción entre estudiantes-profesores-estudiantes o estudiantes-estudiantes, docentes con otros profesionales con la finalidad de mejorar los recursos al momento de realizar trabajos e investigaciones. Aunado a ello, se puede producir y distribuir contenidos para un acercamiento entre la universidad con el sector productivo o comunidades del entorno; además, participación en la co creación de contenidos en tiempo real.

En consecuencia, las universidades experimentales han adoptado el marketing digital en entornos virtuales como respuesta a los cambios políticos, tecnológicos y sociales que han incidido en las instituciones de educación universitaria, asociados a la creciente competencia y en algunos casos a la internacionalización. Sumado a ello, se encuentra la aparición de alternativas educativas propiciadas por el desarrollo de las tecnologías con la finalidad de universalizar la educación, contribuir con el conocimiento, bien común, así como a potenciar las capacidades humanas y sociales.

En función de los argumentos expuestos, se presenta en la Figura 7, los elementos contentivos del corpus teórico.

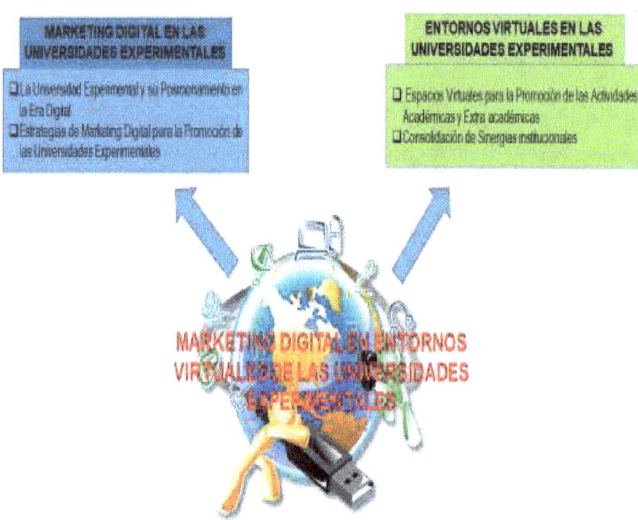

Figura 7: Elementos del Constructo Teórico de Marketing Digital en Entornos Virtuales de las Universidades Experimentales.

Fuente: Puerta (2022)

En la Figura precedente se muestran los elementos del constructo teórico de marketing digital en entornos virtuales de las universidades experimentales, específicamente en la UNELLEZ, UPEL, UNEFA, el cual contiene los aportes del investigador tomando en cuenta los hallazgos del estudio, mediante la visión de éste, así como premisas e ideas creativas como se describe a continuación.

C.1 La Universidad Experimental y su Posicionamiento en la Era Digital

La educación universitaria se debe sustentar en un proceso de gestión que sitúe a estas instituciones a la vanguardia de las tecnologías de información y comunicación, razón por la cual, la labor desarrollada en su interior se orienta a optimizar los recursos de una manera eficiente, eficaz y con calidad en la prestación de los servicios que oferta en el mercado. En este sentido, las universidades se ven obligadas de implementar novedosos e innovadores enfoques para atender los requerimientos que demanda la sociedad, así como sus usuarios, en este caso la población estudiantil.

Sobre la base de estos planteamientos, emerge el marketing digital con la intención no solo de diseñar e implementar acciones para el mercadeo de la oferta educativa, sino posicionar a las universidades en un espacio altamente competitivo, considerando el número de éstas casas de estudio existentes en el país y la demanda en la población, además, enfrentar la situación país, como lo señalan Meleán y Bustamante (2020) "han tenido que re ingeniarse y re inventarse para continuar operando ante escenarios de poca certeza y múltiples exigencias" (p. 196), constituyéndose las tecnologías como única vía para avanzar y no quedarse rezagadas en el espacio y en el tiempo.

Bajo este escenario avanzan las universidades experimentales, en especial la UNELLEZ, UPEL y UNEFA, en la construcción de herramientas o instrumentos que permiten no solo medir los resultados alcanzados en los aspectos relativos a la triada docencia, investigación y extensión, sino en la evolución de la vinculación con el medio, además, del reconocimiento y prestigio alcanzado en el marco de una era digital.

Esta situación, implica cambios en los paradigmas del conocimiento, así como en la visión prospectiva que se tenga de estas universidades en el tiempo, considerando que la digitalización tiende hacia la universalización de las actividades; además, de introducir en sus espacios una cultura de indicadores que impulse la competitividad, un buen servicio, planes de captación eficaces y eficientes; además, de una comunicación interactiva en tiempo real para resolver problemas, brindar información, entre otros.

Entonces, el posicionamiento de las universidades experimentales contribuye en la introducción de reformas relevantes, ajustada hacia la competencia en términos de oferta académica como de servicios, así como en la generación y transferencia de conocimientos, valoración en la alternativa del estudiante al optar por cursar estudios en ellas, credenciales para el cuerpo profesoral, empleabilidad de los egresados, establecimiento de estándares de calidad, productividad en las actividades, vinculación con el entorno, entre otros; los cuales son insumos básicos a ser tomados en cuenta al momento de desarrollar estrategias de marketing digital.

C.2 Estrategias de Marketing Digital para la Promoción de las Universidades Experimentales

En el marco de la introducción del marketing digital en las universidades experimentales, este se inscribe en estrategias para promover las políticas institucionales respecto a las acciones implementadas para la captación de usuarios, en este caso estudiantes tanto para el área de pregrado como de estudios avanzados (postgrado), mediante una relación satisfactoria en la cual intervienen las partes y la sociedad, tomando en cuenta la valoración de las expectativas, así como la promoción de la oferta académica conjuntamente con los servicios que ofrece en el mercado educativo.

Por tanto, las estrategias de marketing se inscriben en una planificación estratégica orientada a la formulación, ejecución y evaluación de acciones que permita a las universidades experimentales alcanzar sus objetivos, porque como lo señala Luque y del Barrio (2005) citado en Toledo y Luque (2017) "evita problemas de inmediatez, anticipa los cambios, dinamiza los sistemas, fomenta el proceso de aprendizaje, facilita la comunicación entre la universidad con los colectivos" (p. 5), para un actuación eficiente y adaptada al entorno competitivo.

De esta manera, las universidades experimentales están creando beneficios tanto para sí mismas, como para el público, porque contribuyen a mejorar la competitividad, aumento de la creación de contenidos digitales, así como de la comunicación, distribución e intercambio de oferta académica. De esta manera, el marketing digital se convierte en pilar fundamental de los planes estratégicos de las instituciones de educación universitaria, tomando en cuenta que la competencia tendrá un aumento, porque se colocará un mayor énfasis en el valor ofertado por éstas; además, con el apoyo de las tecnologías se llega a sectores no tradicionales de la sociedad.

Por tanto, las estrategias de marketing digital para las universidades experimentales conducen a un plan de captación de usuarios reales y potenciales, basada en las expectativas que se tenga de la misma, la reputación e imagen en el mercado universitario, satisfacción de los deseos y necesidades del cliente, vinculación con el entorno, además, las ventajas competitivas que crea en sus espacios virtuales.

C.3 Espacios Virtuales para la Promoción de las Actividades Académicas y Extra Académicas en las Universidades Experimentales

El proceso de enseñanza y aprendizaje en los espacios universitarios deben adecuarse a los requerimientos de una sociedad cambiante, dinámica y de incertidumbre, de manera que se adapte el servicio a las necesidades de los estudiantes, así como al conocimiento. En razón de ello, los espacios virtuales deben ser vistos como escenarios para la promoción de actividades académicas y extra académica con apoyo de las tecnologías, como lo refiere Azuaje (2018) "la versatilidad de las TIC, ha generado expectativas en el subsistema universitario, porque contribuye a solucionar problemas como la alta demanda de cupos, transformación de la práctica pedagógica tradicional, como el mejoramiento de la calidad del perfil del egresado" (p. 11), dinamizando y modernizando didácticamente los ambientes de aprendizaje.

Entonces, estos entornos incluyen el uso de las tecnologías en las comunidades de aprendizaje, mediante pautas propias y precisas a nivel institucional no solo para la actualización o capacitación del personal docente, sino para promocionar las actividades desarrolladas en su interior, sean éstas académicas, extra académicas o institucionales en la docencia, investigación o extensión, atendiendo los requerimientos pedagógicos, tecnológicos, comunicacionales, entre otros para el desarrollo formativo de los estudiantes.

Todo ello, ha conducido a la introducción de innovadoras modalidades formativas, conocidas hoy día como una formación a distancia que implica brindar una educación de calidad en los referidos espacios, tomando en cuenta una plataforma tecnológica que ubica al estudiante en un portal con su respectiva página web, los cuales concentran la información y servicios en un mismo sitio que son canalizados mediante productos y servicios ofertados por las universidades experimentales, bien sea en forma de interacción temporal sincrónica o asincrónicas.

En este sentido, los entornos virtuales han contribuido en la generación de cambios en los procesos educativos con la incorporación de las tecnologías de información y comunicación, permitiendo con ello, la automatización de los procedimientos como es la atención al estudiante, emisión de actividades a ser desarrolladas mediante aplicaciones o uso de las redes sociales, desarrollo de una comunicación e información para la difusión, transferencia, promoción o divulgación de acciones tanto interna como externamente; además, mejoran la visibilidad, imagen y pertinencia institucional.

De allí, estos espacios en las universidades experimentales no solo se convierten en una herramienta que permitirá incorporar valor a las funciones de docencia, investigación y extensión, sino plantea la posibilidad de ser empleada como parte de la estrategia de marketing digital que permita satisfacer las necesidades de los usuarios, alcanzar mayor excelencia, eficiencia, mejoramiento de la calidad educativa en la prestación de los servicios y su vinculación con la sociedad, haciendo uso de las redes sociales.

En efecto, las redes sociales orientadas hacia las universidades significan medios para el fortalecimiento de las capacidades institucionales de la organización con su entorno interno y externo, que, bajo las políticas adecuadas, facilitan el proceso de enseñanza, decisiones oportunas, introduce nuevas formas de trabajo entre los actores que hacen vida en ellas, mejora la relación docente-estudiante, entre otras.

Bajo este escenario, en las universidades experimentales se requiere como lo indica Rivas (2019) contar con una buena gestión informativa que genere una plataforma de comunicación entre los diferentes actores que componen la comunidad, intra y extra universitaria, a fin de minimizar los problemas que se enmarcan en las distintas situaciones irregulares, tales como el desconocimiento de las normativa que rige el funcionamiento de la misma, comunicación interna desvinculada de los objetivos, metas y fundamentos de las universidades, falta de empatía con sus pares, entre otros.

De igual manera, se pueden emplear para publicitar eventos, y recordar fechas importantes, por lo cual es necesario que se fortalezca el compromiso institucional, lo que permitiría que la comunidad universitaria tenga una imagen positiva de la misión y del funcionamiento de la universidad dentro o fuera de sus instalaciones. Entonces, de lograrse una sinergia entre el recurso humano que cohabita en las instituciones universitarias a través de las redes sociales, se fortalecería el uso de la tecnología como herramienta para mejorar la relación social entre los productos y los servicios que ofrecen las universidades a los estudiantes; asimismo, permitiría la promoción de la innovación y la creatividad, por medio de la interactividad entre usuarios, lo que significa la participación activa de los universitarios en pro de generar soluciones a conflictos externos e internos de estas instituciones.

C.4 Consolidación de Sinergias Institucionales

Con el uso, introducción e incorporación de las tecnologías de información y comunicación en los espacios universitarios se está posibilitando una ampliación en la apertura de estas universidades en contextos globalizados, mediante la creación, conformación y consolidación de sinergias convertidas en redes y alianzas estratégicas para la integración, cooperación y participación tanto de docentes, investigadores, estudiantes, mediante una vinculación a actividades académicas, científicas, culturales, entre otras.

En este sentido, Espinoza y Castrillo (2019) enfatizan los aportes de la educación universitaria a través de la firma de acuerdos internacionales, fundamentalmente para el desarrollo de la formación de profesionales en áreas prioritarias, como las científicas e ingenierías, insistiendo en la participación de las universidades de diversos países, así como también las demandas de producción de conocimiento requerido para la disposición de innovaciones tecnológicas.

Entonces, se entiende que el desarrollo del talento humano en las universidades experimentales, así como la producción de innovaciones fundamentadas en la investigación científica y tecnológica, es fundamental para alcanzar avances en el ámbito económico, social, cultural y político, se consolidan en la medida que se adelanten procesos de construcción de alianzas que faciliten la movilidad académica, científica y tecnológica de las organizaciones universitarias, así como en las necesidades de innovación mediante redes sinérgicas.

Con ello, se beneficia no solo la universidad como institución en las funciones de docencia, investigación y extensión, sino crea capacidades para el fortalecimiento de las relaciones con el entorno en la medida que se produce la transferencia del conocimiento, así como de las tecnologías, estrategias de interacción y promover el intercambio del talento humano mediante acciones conducentes a obtener becas, pasantías, oportunidades de empleo, entre otras.

En consecuencia, este abanico de alternativas se puede concretar en las universidades experimentales al hacer uso de las tecnologías y por ende, de los entornos virtuales, porque permiten un acceso factible hacia la internacionalización de estas instituciones, convirtiéndolas en espacios privilegiados tanto para la integración como para la cooperación, así como participación, reproducción de conocimientos; es decir, se transforma en un escenario de mediación y negociación.

Asimismo, estos procesos conducen hacia un proceso de integración de las universidades experimentales, que por su dinámica y complejidad requieren asumir el compromiso de la asociatividad, lo cual implica considerar cambios internos en la percepción y valoración que se tiene del otro, hasta configurar espacios de confianza, así como de reciprocidad, mediante obligaciones, además, de los beneficios que ésta reporta a través de los convenios firmados.

Aportes

El mercado educativo en las universidades experimentales responde a ciertos aspectos caracterizadores que lo diferencian de otros, ya sea por los servicios o por la naturaleza académica de sus actividades. De allí, que el marketing digital en estas instituciones se debate en función de la demanda personificada a través de los estudiantes como por la oferta que se materializa en las propuestas educativas´

Desde este punto de vista, el marketing digital en entornos virtuales de las universidades experimentales, resultó una experiencia investigativa valiosa, porque obliga a comprender e interpretar a partir de la visión de los informantes la realidad vivenciada, considerando que el mercado en el cual se desenvuelven es complejo y altamente competitivo. En este sentido, estas universidades, en especial la UNELLEZ; UPEL y UNEFA deben dirigir sus esfuerzos a captar el mayor número de estudiantes sean estos reales o potenciales, mediante una oferta académica atractiva con servicios adicionales o complementarios de calidad y eficientes.

Asimismo, debe ofertar estudios avanzados y cursos de actualización a miembros de organizaciones comunitarias o gubernamentales que cubran no solo las necesidades de formación, sino las expectativas, imagen institucional y reconocimiento en la comunidad académica. Entonces, el investigador estima que la contribución del estudio apunta hacia la novedad del tema, porque en el país existen pocos trabajos relacionados que constituyan en referentes teóricos para universidades con similares características.

Del mismo aporta, una dimensión ética considerando la competencia que se genera en las universidades al momento de la captación de los estudiantes, estableciendo una oferta académica veraz; además, la responsabilidad educativa debe prevalecer sobre los deseos de aumentar la matrícula, entre otros. Todo ello, implica una estrategia de marketing digital sustentada en la credibilidad institucional.

En virtud de estos planteamientos, las universidades experimentales en estudio, deben atender aspectos relacionados con la duración de las carreras ofertadas, las cuales pueden ser presentadas mediante los entornos virtuales (hecho que crea una ventaja competitiva) al proponer estudios a distancia para la prosecución de estudios a aquellos estudiantes que por razones económicas o geográficas no puedan apostar a la presencialidad.

Entonces, resulta interesante desde la gerencia de las universidades experimentales empiecen a ver sus espacios como un mercado competitivo en el cual la oferta académica es demandada por estudiantes que las escogen ante otras alternativas de educación universitaria, considerando que éste es un mercado regulado por el Estado que regula las acciones de acuerdo a las necesidades presente en las regiones del país, frente a la presencia de otras universidades que ofrecen propuestas novedosas, atractivas desde el punto de vista del empleo porque el trayecto se produce en etapas o fases: Técnico Superior y luego proseguir estudios para alcanzar la Licenciatura o Ingeniería.

Por tanto, las universidades experimentales venezolanas buscan alcanzar mayores estándares de calidad en la medida que se logre una comunicación interactiva, actualización permanente en su portal digital de la información de interés; además, fortalecer la imagen con el objetivo de posicionarse en el mercado para que futuros estudiantes sientan afinidad con éstas. Ello es posible, gracias a la inmediatez de las comunicaciones mediadas a través de las tecnologías emergentes y sus respectivas aplicaciones, para responder en el menor tiempo posible a los requerimientos, inquietudes o dudas.

En consecuencia, se entiende que, la promoción de la imagen corporativa de las universidades experimentales, en este caso la UNELLEZ, UPEL, UNEFA mediante plataformas digitales pueden tener reconocimiento académico, destacando las cualidades, así como los beneficios que ofrece; además, permiten un posicionamiento que crea un sentido de pertenencia y confianza, debido al aumento del número de seguidores en los medios de marketing digital.

En este orden de ideas, se estima que las universidades experimentales han contribuido a través del marketing digital en entornos virtuales en la   modernización del proceso pedagógico tradicional, lo que ha conllevado a una constante búsqueda de herramientas educativas que permitan hacer uso de la tecnología en apoyo a la enseñanza, con el fin de optimizar el aprendizaje con estrategias creativas e interactivas a través de las comunidades virtuales.

REFERENCIAS

Alejo, M. y Osorio, B. (2016). El informante como persona calve en la investigación cualitativa. **Gaceta de Pedagogía**. Año 35, 2016, pp. 74-86. Universidad Pedagógica Experimental Libertador. Caracas. https://www.revistas.upel.edu.ve/index.php/gaceta/article/view/552/512.

Araque, I., Montilla, R., Meleán, L. y Arrieta, X (2018). Entornos virtuales para el aprendizaje: una mirada desde la teoría de los campos conceptuales. **Góndola, Enseñanza y Aprendizaje de las Ciencias**. Vol. 13, Nº 1, enero/junio 2018, pp. 86-100. https://dialnet.unirioja.es/servlet/articulo?codigo=6750757

Ávila, V. (2017). **Influencia del marketing digital en la eficiencia publicitaria y su impacto en la eficacia de la comunicación externa de los servicios educativos universitarios**. Tesis Doctoral. Universidad Nacional Mayor San Marcos. Perú. https://core.ac.uk/download/pdf/323342964.pdf.

Azuaje, D. (2018). Modelo de enseñanza y formación en línea a través de la plataforma B-learning como entorno virtual de enseñanza y aprendizaje. En Millán, L., Mogollón, I., Silva, K. y Hernández, Y. (Eds) (2018). **Innovación, virtualización y desafíos en la sociedad digital. VI Ciclo de Experiencias en EaD de la UCV**. 13 al 16 junio de 2018. Caracas: UCV. http://saber.ucv.ve/bitstream/10872/20384/1/Libro3%20-%20Innovaci%C3%B3n%2C%20Virtualizaci%C3%B3n%20y%20Desaf%C3%ADos%20en%20la%20Sociedad%20Digital%202018.pdf

Barcia, E. y Cevallo, N. (2019). Marketing digital educativo para las instituciones universitarias. **FIPCAEC**. Vol. 4, Año 4, Nº 2, Edición Especial diciembre 2019, pp. 510-528. https://www.fipcaec.com/index.php/fipcaec/article/view/151/226

Brinkley, C. (2012). Brecha de habilidades en marketing digital. https://digitalmarketinginstitute-com.translate.goog/blog/the-skills-gap-in-digital-marketing-what-it-means-for-candidates-and-how-to-position-yourself?_x_tr_sl=en&_x_tr_tl=es&_x_tr_hl=es-419&_x_tr_pto=sc

Brito, J., Laaser, W. y Toloza, E. (2012). El uso de las redes sociales por parte de las universidades a nivel institucional. Un estudio Comparativo. **Revista de Educación a Distancia (RED)**. N° 32. http://www.um.es/ead/red/32.

Carrasco, D. S. (2018). **Metodología de la investigación científica. Pautas metodológicas para diseñar y elaborar el proyecto de investigación**. Lima: San Marcos.

Cerrón, W. (2019). La investigación cualitativa. **Horizonte de la Ciencia**. Vol. 9, N° 17, Año 2019. Universidad Nacional del Centro de Perú, Perú. http://portal.amelica.org/ameli/jatsRepo/59/59717003/html/index.html.

Colveé, J. (2013). **Guía práctica de e-commerce para pymes: primeros pasos hacia el éxito**. Valencia, España: Anetcom.

Constitución de la República Bolivariana de Venezuela. Gaceta Oficial de la República de Venezuela, 36.860 (Extraordinario), diciembre 30, 1999.

Cordero, A., Martínez, Y. y Silva, A. (2021). Rol de las TIC en el marketing digital como herramienta de innovación. **Revista FACES**. Vol. 3 N° 2, julio/diciembre 2021, pp. 4-23. Universidad de Carabobo. https://www.revistas.uc.edu.ve/index.php/revFACES/article/view/264/211.

Decreto 825 (2000). Internet como prioridad. Gaceta Oficial de la República Bolivariana de Venezuela. N° 36955. http://www.gobiernoenlinea.ve/directorioestado/decreto_825.html.

Domínguez, G., Jaén, A. y Ceballos, M. (2017). Educar la virtualidad. **Pixel Bit. Revista de medios y Educación**. N° 50, enero 2017, pp. 187-199. Universidad de Sevilla. España. https://www.redalyc.org/pdf/368/36849882013.pdf.

Duarte, J. y Parra, E. (2018). **Lo que debe saber de una tesis doctoral**. España: Española.

Espinoza, R. y Castrillo, L. (2019). Integración de las universidades de frontera de los Departamentos de Goajira y Cesar de Colombia y del estado Zulia de Venezuela. **CEDOTIC Revista de Ciencias de la Educación, Docencia, Investigación y Tecnologías de la Información y Comunicación**. Universidad del Atlántico de Colombia. Vol. 4. N° 2, 2019. http://portal.amelica.org/ameli/jatsRepo/381/3811673015/index.html.

Erazo-Álvarez, C., Vásquez-Erazo, E. y Erazo Álvarez, J. (2022). Innovación y marketing digital educativo. **Koinonia**. Año VII, Vol. VII, N° 1. Edición Especial 2022, pp. 925-950 https:// Dialnet-InnovacionYElMarketingDigital Educativo-8552219%20(1).pdf.

Flores, A., Montero, A. y Méndez, C. (2016). Creatividad en entornos virtuales de aprendizaje en el Diplomado de Formación de Tutores de la UPEL-IPB. **Revista Electrónica REDINE UCLA**. Vol. 1. N° 11, año 2016. UCLA. https://revistas.uclave.org/index.php/redine/article/view/1262/563.

Forero-Medina, J. (2020). Gestión educativa desde el marketing digital. **Cienciamatria Revista Interdisciplinaria de Humanidades, Educación, Ciencia y Tecnología**. Año VI, Vol. VI, N° 11, julio/diciembre 2020, pp. 85-100. https://www.cienciamatriarevista.org.ve/index.php/cm/article/view/326/40 4.

Hernández, R., Fernández, C. y Baptista, P. (2016). **Metodología de la Investigación Cuantitativa**. México: McGraw Hill.

Kotler, P. (2012). Marketing. Decimocuarta Ed. México: Pearson Educación.

Larios, E. (2014). Mercadotecnia de las instituciones de educación superior. Cuaderno profesional de marketing. UNIMEP. v.2, n.1 (2014). México.

Ley Especial contra Delitos Informáticos (2001). Gaceta Oficial de la República Bolivariana de Venezuela N° 37313 del 30 de octubre de 2001.

Ley Orgánica de Ciencia, Tecnología e Innovación (2001). Gaceta Oficial de la República Bolivariana de Venezuela N° 37291 del 26 de septiembre de 2001.

Ley Orgánica de Telecomunicaciones (2010). Gaceta Oficial de la República Bolivariana de Venezuela N° 36920 del 28 de septiembre de 2010.

Martínez, V. (2013). Paradigmas de investigación. Manual multimedia para el desarrollo de trabajos de investigación. Una visión desde la epistemología dialéctico crítica. México: Postgrado Integral en Ciencias Sociales de la Universidad de Sonora. https://pics.unison.mx/wp-content/uploads/2013/10/7_ Paradigmas_de_investigacion_2013.pdf.

Meleán, R. y Bustamante, J. (2020). Universidad venezolana en tiempos de pandemia: ¿acción o reacción? Ante la nueva normalidad. **Utopía y Praxis**

Latinoamericana. Vol. 25. Nº 13 Especial 2020, pp. 194-209. Universidad del Zulia. https://www.redalyc.org/journal/279/27965287014/html/.

Miranda, S. y Ortiz, J. (2020). Los paradigmas de la investigación: un acercamiento teórico para reflexionar desde el campo de la investigación educativa. **Revista Iberoamericana de Investigación y el Desarrollo Económico RIDE**. Vol. 11, Nº 21, julio/diciembre 2020. **Error! Hyperlink reference not valid.**.

Molina, J. (2017). **La educación universitaria venezolana: una mirada desde los entornos virtuales de aprendizaje**. Tesis Doctoral. Universidad Pedagógica Experimental Libertador. Maturín. https:// Laeducacionsuperiorvenezolanau namiradaotradesdelosentornosvirtuales-ISBN%20(2).pdf.

Morales, Y. (2018). **Modelo teórico de un entorno virtual con base a las representaciones sociales de directivos y docentes acerca de las TIC**. Tesis Doctoral. Universidad Católica Andrés Bello. Caracas. http://biblioteca2.ucab .edu.ve/anexos/biblioteca/marc/texto/AAT1231.pdf.

Moschini S. (2012). **Claves del Marketing Digital**. Documento en línea. https://www.lavanguardia.com/cultura/20120416/54284527882/claves-del-marketing-digital-por-silvina-moschini.html.

Organización de las Naciones Unidas para la Educación, la Ciencia y la Cultura (UNESCO) (2020). Sistematización de respuesta de los sistemas educativos de América Latina a la crisis de la COVID-19, **SITEAL**, https://www.siteal.iiep.u nesco.org/respuestas_educativas_covid_19

Piñero, M., Bravo, M. y Carrillo, A. (2014). Gestión universitaria y funcionalidad de los portales virtuales. **Investigación y Postgrado**, Vol. 29, Nº 1, pp. 108-127. http://ve.scielo.org/scielo.php?script=sci_arttext&pid=S1316-00872014000100007&lng=es&tlng=es.

Plan de Desarrollo Económico y Social de la Nación 2019-2025. República Bolivariana de Venezuela. http://www.asambleanacional.gov.ve//uploads/bot ones/bot_90998c61a54764da3be94c3715079a7e7441eba.pdf.

Reina, J., Fernández, I. y Noguera, A. (2012). El uso de las redes sociales en las universidades andaluzas: el caso de Facebook y Twitter. **Revista Internacional de Relaciones Públicas**. Vol. II, N° 4, p. 123- 144. http://revistarelacionespublicas.uma.es/index.php/revrrpp/article/view/128

Reglamento de Estudios a Distancia UNELLEZ (2009). Acta N° 770. Resolución N° CD 2009/275 de fecha 20/04/2009. Punto N° 21. UNELLEZ. Barinas.

Rivera, M. (2015). **La Evolución de las Estrategias de Marketing en el Entorno Digital: Implicaciones Jurídicas**. Tesis Doctoral. Universidad Carlos III de Madrid.

Rojas, J. (2014). Entre flujos y fronteras: la educación superior mediada tecnológicamente vista a través de una perspectiva etnográfica. **Revista de Investigaciones UNAD**, Vol. 13, N° 2, p.p. 9-27. http://dx.doi.org/10. 22490/25391887.1143

Roncancio, C. (2019). **Evaluación de los entornos virtuales de enseñanza aprendizaje (EVEA) de la Universidad de Santo Domingo Bucaramanga (Colombia) mediante la adaptación y aplicación del sistema learning object review instrument (LORI)**. Universidad de los Baleares. https://www.tesisenred.net/bitstream/handle/10803/671465/tcyrb1de1.pdf

Ruiz B., C. (2016). Redes Sociales y Educación Universitaria. **Paradígma**, Vol. 37, N° 1, pp. 232-256. http://ve.scielo.org/scielo.php?script=sci_arttext&pid=S 1011-22512016000100012&lng=es&tlng=es.

Saldaña, J. (2013). Mercadotecnia para instituciones educativas. **Revista electrónica Contaduría y Administración**. N° 192. Octubre 2013. Universidad Nacional Autónoma de México. http://contaduriayadministracionunam.mx/articulo-14-493-79.html.

Sandín, M. P. (2003). **Investigación cualitativa en educación.** Madrid: Morata.

Sosa, A. y Useche, M. (2017). Marketing digital en las universidades privadas del estado Zulia. **Poliantea**. Vol. 13, N° 24, pp. 5-26. Politécnico Grancolombiano. Bogotá. https://doi.org/10.15765/plnt.v13i24.1001.

Siso, M. (2019). **Análisis de las estrategias de difusión y marketing digital de la investigación académica: aplicación en el área de biblioteconomía y documentación**. Tesis Doctoral. Universidad Complutense de Madrid. España. https://eprints.ucm.es/id/eprint/56846/1/T41386.pdf.

Teppa, S. (2012). **Análisis de la información cualitativa y construcción de Teorías**. (Primera Edición). Barquisimeto. Venezuela.

Toledo, L. y Luque, T. (2017). Relación entre marketing y universidad. Revisión teórica y propuesta de un modelo teórico y de marketing 3.0. **Revista de Estudios Empresariales**. Segunda Época, Vol. 2 Nº 2, pp. 2-27. https://revistaselectronicas.ujaen.es/index.php/REE/article/view/3748/3047

Trejo, H. y Valdez, M. (2017). Gerencia del marketing educativo en el contexto universitario del estado Yaracuy. **Educare**. Vol. 21 Nº 2. Mayo/agosto 2017. Instituto Pedagógico Barquisimeto "Luis Beltrán Prieto Figueroa". Barquisimeto. https://revistas.investigacion-upelipb.com/index.php/educare/article/view/61/61.

Universidad Bicentenaria de Aragua (2021). **Manual para la elaboración, presentación y evaluación del trabajo de grado y tesis doctoral de los Programas de postgrado.** San Joaquín de Turmero: UBA.

Universidad Pedagógica Experimental Libertador (UPEL) (2017). **Manual de normas y procedimientos para la publicación de medios informativos impresos y digitales de la UPEL**. Resolución 2017.485.2428.